LA **CIMA** DEL **LIDERAZGO**

LA
CIMA
DEL
LIDERAZGO

JOSÉ MANUEL VEGA BÁEZ

HarperEnfoque

Contenido

*Dedico esta obra
a los líderes que buscan
trascender.*

Presentación

Muy estimado lector:

Agradezco tu interés por el tema de liderazgo y tu preferencia hacia mi obra. Me siento honrado por ello y por la invitación de HarperCollins México para publicar esta antología, en la que te entregaré varios textos minuciosamente seleccionados a través de los cuales recorreremos las siete dimensiones de liderazgo que he identificado y explorado a la fecha.

Es pertinente precisar que a mi entender un líder es la persona que guía a una colectividad en la conquista de un sueño compartido. Que liderazgo es el proceso que ejecuta un líder. Y que en este proceso pueden distinguirse siete dimensiones: influencia, cumplimiento, convergencia, congruencia, sostenibilidad, formación y trascendencia.

Los textos de esta antología corresponden a trabajos previamente publicados y fueron dispuestos de acuerdo con la secuencia de las dimensiones de liderazgo, pero como son independientes unos de otros, puedes leerlos en cualquier orden. A continuación te comparto un panorama general.

Para la sección 1 elegí a *Adriana*, un relato de 2011 en el que apreciaremos la dimensión de influencia que despliegan los personajes que, con intención o sin ella, modifican la realidad que los rodea; algunos para bien y otros para mal, pero siempre haciendo uso de la persuasión.

La obra *15 poderosas lecciones de liderazgo*, de 2019, resume en un formato de no ficción a *Rumbo a la cima* (2002 y 2013), mi publicación más conocida, y que en esta antología la utilizaremos para profundizar en tres dimensiones: cumplimiento, convergencia y congruencia.

Enseguida aparecerá la dimensión de sostenibilidad, para la que seleccioné un trabajo de 2018: *Liderazgo sobresaliente*, con el que identificaremos y fortaleceremos los sentidos de percepción esenciales para lograr resultados superiores y sostenibles.

La dimensión correspondiente a la formación de nuevos líderes es una de las menos estudiadas, pero al mismo tiempo una de las más importantes en el ejercicio de liderazgo, lo que sin duda comprobaremos al leer *Panis Dux*, un relato de ficción publicado en 2021.

Mi líder favorito, una obra de 2014, tiene un lugar muy especial en mi corazón porque es la única, hasta ahora, en la que he incluido pasajes autobiográficos completos que nos servirán para ejemplificar perfectamente la dimensión de trascendencia.

Y para cerrar con broche de oro, *Jesús líder*, un libro de 2020, nos presentará las principales enseñanzas de la persona con el máximo desempeño histórico en las siete dimensiones del liderazgo, las cuales podemos aplicar en cualquier organización humana.

Un comentario adicional. Con excepción de *Adriana*, el resto de los materiales cuenta con mi particular estilo de interlocución con mis lectores, por lo que al final de cada capítulo encontrarás una serie de preguntas o reflexiones que te invito a responder con el fin de que esta antología cumpla con su propósito: desarrollar tu liderazgo para edificar un mejor mundo.

¡Ánimo y ACCIÓN!

JOSÉ MANUEL VEGA BÁEZ
www.seriecima.com

SECCIÓN 1

INFLUENCIA: primera dimensión del liderazgo
OBRA: *Adriana, un relato de liderazgo juvenil* (2011)

1. LA PRIMERA CLASE

—Me llamo Adriana, es mi último semestre y me inscribí en su curso por el horario.

De esta forma contesto el aburrido ritual de presentación que sin excepción ocurre al principio del periodo escolar en todas las instituciones que, como mi preparatoria, permiten que los alumnos elijamos con libertad y responsabilidad las materias que cursaremos.

¿Responsabilidad? ¡Ja, ja, ja! ¿Acaso es posible que siga habiendo gente tan ingenua como los directivos de este colegio que piensan que de verdad los estudiantes seleccionamos nuestras materias por motivos distintos a lo barco que resulta ser el maestro, lo fácil del curso o la conveniencia del horario?

A estas alturas de la vida, lo único que nos interesa es salir lo antes posible de los problemas preparatorianos para dedicarnos a las cosas que realmente valen la pena. Por cierto, casi olvido que tengo que avisar al final de la clase que el coctel de inicio de semestre será el próximo viernes en el Dance'On, con barra libre de nueve a once.

"Problemas sociales y políticos contemporáneos." ¡Vaya materia que inscribí por horario! Esta maestra Isabel es del club de los rudos.

—No permitiré que entren tarde al salón —comienza su discurso intimidatorio—... siempre pasaré lista de asistencia... habrá mucho que leer... no recibiré tareas fuera de tiempo... mis exámenes necesitarán toda su inteligencia... me encargaré de hacerlos pensar y cuestionar...

¿Qué se está creyendo? ¿No le ha caído el veinte de que la mayoría del grupo vamos de salida? Ya veremos qué podemos hacer los de la sociedad de alumnos para remediar este molesto asunto. Por lo pronto hay que traer un reporte escrito con nuestro diagnóstico de la situación social y política actual del país.

—¡¡¿Para la próxima semana?!! —preguntamos con reclamo.

—Si, para la próxima semana —contesta con serenidad.

2. EL REGAÑO

¡Qué rápido pasa el tiempo cuando uno está ocupado! Hoy es martes y tengo clase con la maestra Isabel. ¡Vaya que si me llevó las horas hacer su santa tarea! Y yo que esperaba tener un semestre tranquilo...

Lo peor del caso es que no podemos hacer nada al respecto pues, como dicen mis compañeros de la sociedad de alumnos con los que platiqué en el coctel, "habiendo tantos profesores holgazanes e irresponsables que pueden ser despedidos, cometeríamos un grave error al tratar de quitar a una que trabaja y exige".

Ni modo, no todas se ganan. Solo espero que no todas se pierdan, ya que es muy importante que apruebe mis cursos, pues de otra forma desperdiciaría un semestre para entrar a la universidad. ¿Te imaginas presentar esta materia en examen extraordinario? ¡Ni de broma! Más vale echarle ganas y no pensar en cosas desagradables.

¡Papelazo que hacemos todos los que muy valientes nos atrevemos a leer en voz alta nuestras tareas! A esta maestra Isabel nada le gusta, nada le agrada, todo le molesta... El caso es que nadie la puede satisfacer con el famoso diagnóstico.

—A este le falta —objeta—... a este otro no se le entiende... ¿no les da pena presentar estos trabajos estando en preparatoria?...

Lo agradable del asunto es que no se queda únicamente en el rollo mareador típico de todos los profes frustrados. Por el contrario, esa trillada cantaleta representa solo una pequeña parte de una interesante y motivadora charla sobre la importancia del curso y la manera en la que pretende desarrollarlo.

Explica que, entre otras actividades, leeremos y discutiremos algunos breves textos tomados de un libro escrito hace tiempo por uno de sus maestros, que nos ayudarán a reflexionar sobre los diferentes temas de la materia. Y frente al desconcierto de todos los que creemos que con su *speech* dará por terminada la clase, saca de su portafolios un desgastado tomo del cual comienza a leer un fragmento...

3. LA PAZ

Los más recientes acontecimientos en nuestro país han provocado que todos caigamos en la cuenta de que algo anda mal en la nación.

Probablemente ya muchos nos habíamos percatado de que vivimos en una sociedad que tiene profundas desigualdades en todos los planos. Sin embargo, es muy posible que una situación imperante por tanto tiempo nos haya hecho insensibles, razón por la cual estos eventos han dado fin de manera brusca a nuestros dulces sueños.

¿Qué necesita tener en lo más profundo de su corazón una persona para lanzarse a combatir sin miedo a que la hieran? ¿Cuánto tiempo de sufrimiento requiere una persona para aventurarse a luchar sin temor a la muerte?

¿Qué necesita tener en lo más profundo de su corazón un gobernante para ignorar todas las voces, excepto las de las armas? ¿Cuánto tiempo de

balas y muertes requiere un gobernante para atender los reclamos legíti-
mos de las personas?

Aun cuando estas interrogantes exigen ser meditadas por cada
uno de nosotros en lo privado, es indispensable que colaboremos de
manera activa en la preservación de una situación de paz que permita
arreglar las diferencias por los medios propios de nuestra especie: ¡basta
de violencia!

La paz de nuestra nación se construye a partir de la paz que cada
uno de nosotros pueda tener en su interior. Y por supuesto que es hu-
manamente imposible tener paz interior cuando se ha estado muriendo
de hambre por varias generaciones, mas incluso ese tipo de adversidades
pueden sobrellevarse cuando nuestra fe en el Absolutamente Otro está
sólidamente sustentada, lo cual no debe ser dolosamente aprovechado
por los gobernantes para que la dramática situación de quienes sufren deje
de corregirse a la brevedad.

4. INSOMNIO

Estoy acostada en mi cama, ya es tarde y no puedo dormirme con
la facilidad de siempre.

Contrariamente a otras lecturas escolares, el texto que leí-
mos hoy sí que me puso a pensar. "¿Qué necesita tener en lo más
profundo de su corazón una persona para lanzarse a combatir
sin miedo a que la hieran?... ¿Qué necesita tener en lo más profundo de su corazón un gobernante para ignorar todas las voces,
excepto las de las armas?" Me parece que son las dos caras de la
moneda que conducen sin remedio a graves conflictos.

Recuerdo que el debate en clase fue liderado por un muchacho callado de la primera fila, de anteojos, y al parecer creyente,
que hasta el día de hoy no había llamado mi atención, puesto que
jamás había llevado una materia con él y, por lo general, no me
agradan las personas que se sientan hasta adelante. Estoy segura
de que, además de la profundidad de sus reflexiones, tuvo el visto

bueno de la maestra y un punto extra por su visión religiosa del asunto; Isabel tiene cara de mochila, ¡ji, ji ji!

Sin embargo, en la vida real me pregunto qué tienen que andar haciendo juntas religión y política. A mi entender, cada una tiene su propio campo de acción y siempre que se juntan hacen corto circuito, cuando no circo-en-cortito. ¡Ja, ja, ja!

"La paz de nuestra nación se construye a partir de la paz que cada uno de nosotros pueda tener en su interior". Interesante, no cabe duda: si no comenzamos cada uno por buscar nuestra paz interior, serán inútiles todos los esfuerzos de los gobernantes. La paz no se da por decreto, se gana en virtud de la suma de las paces interiores de todos los que formamos una nación. ¿Cómo puedo pensar posible la paz de un país entero, si a veces me es difícil lograr la paz conmigo misma, con mi familia, con mis compañeros y profesores?

¡Suficiente, ya es tardísimo! Debo descansar si es que me importa lograr la paz con mi cuerpo y con mi mente. Mañana será otro día.

5. LA OFICINA ELECTORAL

—Me llamo Adriana y vengo a sacar mi credencial para votar con fotografía.

Después de tanta insistencia de mi madre, al fin cumpliré su deseo que, según pienso, la beneficiará demasiado puesto que a partir de que me entreguen mi fotocredencial podrá disponer de mis servicios gratis para acudir a cambiar sus cheques en el banco.

¡Vaya el destino de las hijas! Las madres siempre se las ingenian para pretextar algo más importante que "ir a perder mi tiempo en la fila del banco". Ah, pero nosotras sí contamos con mucho tiempo para esos odiosos asuntos. Y debido a que mi hermanito está muy ocupado con sus estudios de medicina, todos los dedos índices de mi familia me señalan a mí como la persona más indicada (¿o será la única tonta?) para hacer lo que los otros no pueden (¿o será que no se les da la gana?). Allá ellos y su conciencia. Ya he aprendido que vale más llevar la fiesta en paz: *don't worry, be happy*.

Me piden que llene un cuestionario que, aunque parece de tamaño primera-cita-ginecológica, pregunta cosas menos íntimas y más sencillas de responder.

Por fortuna llego a tan buena hora que la oficina se encuentra vacía y salgo del trámite en menos de lo que pienso, lo cual significa que no me da tiempo de leer los capítulos 3 y 4 del aburridísimo libro de administración que tuvo a bien escoger de texto mi también aburridísimo maestro.

Me pregunto si en la universidad uno tendrá que soportar este martirio educativo de fumarse ideas fumadas por otros, que al parecer no tenían mejor modo de gastar su tiempo, sino elaborando complicadísimas teorías para explicar lo obvio. Y lo peor de todo es que casi todas ellas son fumadas importadas.

—¿Acaso nosotros no tenemos suficiente ingenio como para escribir estas mismas cosas de una manera más divertida? —jamás debí decir esto.

6. VENGANZA ADMINISTRATIVA

Mi aburridísimo maestro de administración, que ni sé, ni me interesa cómo se llama, se siente ofendido por mi opinión, al parecer compartida por un buen número de mis mudos condiscípulos, y nos sentencia:

—En beneficio de su formación académica agregaré un segundo libro al curso para que se percaten de que la administración no es tan obvia como dice su compañera.

Considero que esto es un acto de venganza pura desde su privilegiada posición de poder que me genera de forma inmediata y gratuita algunas miradas de odio dentro del salón. No obstante, califico esta acción como limpia puesto que su ejecutor la lleva a cabo con razón y verdad dentro del ámbito de sus funciones.

Esto no es nada comparable con el caso de mi amigo Diego, que según me han dicho, tiene serios problemas y está sufriendo el trato poco amable de uno de los prefectos. Todavía no conozco con detalle los hechos, pero a decir de algunos compañeros de la sociedad de alumnos, la cosa está que arde y se va a poner de miedo...

Estoy en mi siguiente clase y mentiría si no dijera que la maestra Isabel comienza a simpatizarme, principalmente porque es gracias a ella que los martes en la escuela dejan de ser un bostezo interminable lleno de administración con sus pamplinas y trivialidades.

Hoy el debate está muy candente. Jamás imaginé que la política fuera tan emocionante; siempre pensé que era un puñado de rolleros echando su discurso mareador y dormitivo a los pobres incautos que para su mala fortuna deben escucharlos. Pero, además, la importancia que tiene es enorme para la vida de cualquier país, máxime cuando se encuentra en una situación delicada.

¡Qué sesión tenemos! Luego de haber discutido con anterioridad sobre la paz, no puede darse nada menos que un emocionante enfrentamiento de opiniones después de leer una parte del ahora ya famoso libro de la maestra Isabel.

7. LAS FUERZAS ARMADAS

Los violentos sucesos de las últimas fechas han sido provocados por fuerzas oscuras que buscan desestabilizarnos al crear un caos susceptible de ser capitalizado por intereses ajenos a los nuestros. Si no fuera de esta manera, estas poderosas fuerzas se habrían integrado pacíficamente al cotidiano operar de nuestras instituciones participando en la vida normal del país.

Actos tan lamentables de los que todos hemos sido testigos no nos hablan de un emergente movimiento social independiente, sino de una majestuosa maquinación orquestada por individuos con mucha astucia y pocos escrúpulos, que pone en riesgo la seguridad y la soberanía nacional. Vivimos en una nación soberana que quiere seguirlo siendo y son sus fuerzas armadas las encargadas de custodiar esa soberanía.

Las instituciones armadas tienen la obligación de actuar en los conflictos con la más alta de las encomiendas y el más elevado de los ideales: resguardar la soberanía nacional manteniendo una firme lealtad a la patria.

Sus integrantes son compatriotas que, conscientes de su condición de siervos de la nación, son capaces de intercambiar males menores por bienes mayores y que, en caso de ser necesario, están dispuestos a dar su vida por todos aquellos que no estamos compartiendo codo a codo con ellos las penurias de las batallas en la línea de fuego.

¿Qué sería de la soberanía nacional sin la fidelidad de sus instituciones armadas? ¿Qué sería de nosotros sin los millares de hombres y mujeres siempre dispuestos a entregarse para ayudarnos y protegernos?

Es muy sencillo emitir juicios *a posteriori* desde la comodidad de una oficina con clima controlado y música ambiental. Sin embargo, sería interesante observar cómo se modificarían esos duros señalamientos si fuese posible experimentar un par de días la vida en la trinchera, bajo las inclemencias del tiempo y rodeados siempre por los coros de las armas y los lamentos de los heridos para, si es posible, regresar con vida y ánimo de seguir escribiendo sobre el nada simple tema.

8. MI MEJOR AMIGA

Durante el camino de regreso a casa mi mejor amiga y yo comentamos en relación con el debate de hoy lo impredecible que es el chico listo.

A veces pasa desapercibido durante varias clases, mientras que en otras, de no ser por sus brillantes opiniones, la sesión finalizaría de una manera ordinaria.

Su transparente semblante lleno de vida permite que se note a gran distancia su inquietita maquinita cerebral que por fortuna hasta ahora ha empleado en buenas vibras que no solo provocan su beneficio, sino en el de cuantos lo rodeamos en los momentos cruciales.

—Por ejemplo, en los exámenes —apunta mi mejor amiga—, vale más un buen lugar que una noche de desvelo.

—¡Ay, chico listo! —comento suspirando—, si toda la gente fuera como tú, este mundo sería menos aburrido.

Mi mejor amiga me confiesa que no entiende muy bien lo que pasa en la clase de Isabel.

—¿Por qué algunos de ustedes se lo están tomando tan a pecho? ¿De qué nos puede servir saber que "vivimos en una nación soberana que quiere seguirlo siendo"? Es más, ¿de qué le puede servir a nuestra nación el que tú o yo lo sepamos? ¿Dejará de ser soberana por ignorarlo o reafirmará su soberanía por conocerlo?

De momento no me atrevo a contestarle por temor a mostrarle que a mí tampoco me quedan claras las cosas. Y aunque la quiero como una hermana pues hemos estado juntas desde la escuela primaria, siempre me ha parecido que su actitud de tibieza le impide gozar a plenitud la vida, al mismo tiempo que la protege de sufrir demasiado.

En cambio, a mí de inmediato me asaltan las dudas existenciales y me roban la tranquilidad. ¡Y qué gracioso! Para acabarla de fastidiar, ahora son dudas prestadas: "¿Qué sería de la soberanía nacional sin la fidelidad de sus instituciones armadas? ¿Qué sería de nosotros sin los millares de hombres y mujeres siempre dispuestos a entregarse para ayudarnos y protegernos?"

—Te sugiero que le demos más tiempo a Isabel; algo me dice que muy pronto todo nos quedará claro —así me despido de mi mejor amiga.

LA CIMA DEL LIDERAZGO | JOSÉ MANUEL VEGA BÁEZ

9. LA CASA DE SOFÍA

—Me llamo Adriana y vengo a ver a Sofía.

Entro en la casa donde se ha citado a junta a todos los integrantes de la sociedad de alumnos para darnos la información completa del caso de Diego y decidir la posición que conviene tomar como representación del alumnado. Un saludo general, me siento en la sala y observo.

Es la primera vez que acudo a la casa de Sofía y, a decir verdad, me la imaginaba diferente. A juzgar por su actuación súper ejecutiva dentro de la escuela y por su descuidado arreglo personal, pensé que su hogar estaría menos lleno de los detalles que hablan de un excelente gusto femenino en la decoración de interiores.

¡Qué simplista es la opinión que por lo general nos formamos de aquellos que no son nuestros cuates del alma! ¿Cuántas veces no nos vamos de la lengua viperina y tiramos lo que sigue de mala onda con solo un ligero *look* de alguien al que aún no le hemos dado la oportunidad de manifestarse íntegramente como persona?

—¡¿Qué vamos a hacer con este mundo en el que las envolturas significan más que los contenidos?! —reflexiono en voz alta.

—Cambiarlo —me susurra Sofía al oído con suavidad, al momento que me entrega mi bebida.

Al exponer el caso de Diego noto un cierto nerviosismo poco usual entre los meros meros de la sociedad, pero a mí me parece que el asunto no está tan complicado: de acuerdo con su costumbre en los descansos, el cuate conocido como "aprendiz de junior" se encontraba haciendo de las suyas entra las niñas de primer semestre, quienes por supuesto todavía no saben el tipo de alimaña que es.

Por casualidad llegó Diego y al darse cuenta de que una de las víctimas del verborreo galante era ¡nada menos que su hermana!, se hizo de palabras con él, quien como era de esperarse, no se quedó callado.

24

10. LA BRONCA DE DIEGO

El resto de la historia fue lo de siempre: primero los insultos... después los guamazos... un poco de sangre... luego los separaron... y por último se lanzaron amenazas que jamás cumplirán. ¡Qué aburridas son las historias de los machitos!

Lo acostumbrado en estos nada raros casos escolares es que los involucrados reciban un reporte y se presenten ante el director para hacer las paces. Sin embargo, el prepotente prefecto Samuel, íntimo amigo de parrandas del "aprendiz de junior" y responsable de la comunicación oficial de los hechos, asegura que en medio del borlote Diego "me faltó al respeto con su actitud", por lo que está solicitando su expulsión.

Pero lo insólito del asunto es que el expediente del "aprendiz de junior" está plagado de reportes, mientras que el de Diego tiene solo uno e innumerables constancias de felicitación por buen desempeño académico.

—Dice Samuel que no nos conviene armar panchos porque puede haber más expulsados —expresan mis temerosos compañeros.

—¡¿Cómo?! ¿Quieren decir que convocaron a esta reunión para decirnos que nos vamos a quedar con los brazos cruzados? —cuestiona Sofía.

—Yo creo que es mejor no meterse en problemas estando tan cerca de la terminación de la prepa, ¿no te parece? —le responde el presidente de la sociedad de alumnos.

—¡Pues entonces yo no sé para qué diablos existe nuestra agrupación, si no somos capaces de ayudar a un compañero que está en dificultades! —Sofía le reclama.

¡Caramba! ¿Cómo es posible que estos ineptos cabecillas de la sociedad de alumnos se dejen amedrentar tan fácilmente por un simple prefecto? A estos tristes monos lo único que les preocupa ahora es pararse el cuello con nuestra fiesta de graduación, ¿y lo demás? ¡Que se lo lleve candingas!

—¡Son una bola de cobardes! —les grito y abandono de inmediato la reunión.

11. ¿QUÉ PIENSAN HACER?

Mientras Sofía y yo discutimos de manera acalorada sobre el asunto de Diego, a la par que caminamos rumbo al salón de clases, Isabel, que para nuestra sorpresa y agrado nos hace entrar en confianza pidiéndonos que le hablemos de tú, nos inquiere respecto a la plática que tan emotivamente venimos desarrollando.

Al relatarle lo sucedido, de lo cual ella ya tenía cierta información, nos pregunta sobre lo que pensamos hacer.

—Si a los dirigentes de la sociedad de alumnos les faltan pantalones, ¡a nosotras nos sobran faldas! —contestamos de inmediato y casi al unísono.

—Me agrada su actitud, pero el ímpetu siempre debe ir acompañado de serenidad con el fin de garantizar los mejores resultados en las situaciones difíciles de la vida —nos responde y continúa—. Les ofrezco abrir un debate del caso en nuestra materia, siempre y cuando haya un buen número de alumnos interesados en el tema.

—Muchas gracias, Isabel, ¡eso sería estupendo! —dice Sofía entusiasmada.

—Además se trata de un problema social y político... claro, a la escala de nuestra escuela, ¿no creen? —apunto justo cuando ingresamos al aula.

Antes de dar paso a la lectura del texto de esta semana, y fiel a su promesa, Isabel pregunta al grupo si está enterado del problema de nuestro compañero Diego, a lo cual, para sorpresa de todos, el salón entero se pronuncia en una ininteligible avalancha de opiniones que no hacen en su conjunto sino contestar de manera afirmativa la consulta formulada, por lo que Isabel decide programar una discusión organizada del asunto la siguiente clase, pidiendo que cada uno de nosotros recabe información de primera mano que nos permita conocer el caso de la forma más objetiva y detallada.

Acto seguido, y no sin dificultades, en virtud de la algarabía generada, tratamos de poner atención al material de hoy.

12. LA LIBERTAD

El hombre es el único ser sobre la Tierra que está dotado de libre albedrío por lo que goza de la facultad de pensar, expresarse y actuar en la forma que mejor le parezca, sin más limitante que aquella que le impone la libertad natural de los individuos con los que convive.

La posibilidad de elegir es lo que le brinda al ser humano la enorme riqueza vivencial exclusiva de su especie: solo la persona humana es capaz de decidir encumbrarse a la más elevada de las montañas o despeñarse en el más profundo de los abismos con plena conciencia de lo que sus actos representan, a diferencia de los animales que actúan de manera instintiva.

Decir hombre libre es hablar de manera incorrecta puesto que la persona humana no puede ser concebida sin el ejercicio de algo que su misma naturaleza le brinda, de donde se desprende que atentar contra la libertad es atentar contra el hombre mismo, por lo que la primera responsabilidad de todo gobierno humano que se precie de serlo, consiste en establecer los medios necesarios para garantizar el ejercicio de la libertad de los individuos.

La libertad constituye el más sagrado de los dones divinos puesto que denota el profundo respeto que tiene el Creador por su criatura, de manera que nos corresponde a todas las personas en general, y a los responsables de la conducción social en particular, velar por que no se profane este atributo y, aun cuando el gobierno no sea capaz de dar la libertad plena y verdadera, sí es capaz de no quitarla de manera injustificada.

Siempre será digno de reconocimiento el esfuerzo que los gobiernos realicen a favor de la libertad; sin embargo, es indispensable que este empeño se acelere y se fortalezca para que día a día la convivencia cotidiana pueda darse en un marco de creciente libertad y respeto.

¡Desde siempre nuestros pueblos han estado preparados para el ejercicio de la libertad y no deben conformarse con menos!

13. LA NIÑA LINDA

¡Vaya que si no le conocía a la niña linda las habilidades para debatir!

Mas qué otra cosa debía esperar de ella si es todo un estuche de monerías: es bonita, tiene buen carácter, va muy bien en la escuela, viste bien, es deportista, sabe cocinar de maravilla, etcétera. Y lo que le da más valor a todo eso es que para nada busca llamar la atención, por lo que dudo mucho que se inscriba en el tradicional evento de Reina de la Generación.

Me pregunto si lo anterior tendrá alguna relación con su gusto por los retiros espirituales y las misiones apostólicas. Lo que sí puedo asegurar es que la serenidad de sus facciones no es algo común entre las chicas de mi edad.

Ella es una niña que, sin proponérselo, no puede pasar desapercibida ya que su forma de ser termina por imponerse siempre de la manera más elegante: en silencio. La niña linda es la máxima exponente que conozco del silencio elegante; aquella que siempre está atenta y callada, pero cuando habla, la contundencia de su razonamiento resulta abrumadora.

Al platicar con ella en la bulliciosa cafetería de la escuela me percato de la trascendencia de su pensamiento.

—"La libertad constituye el más sagrado de los dones divinos puesto que denota el profundo respeto que tiene el Creador por su criatura"; ¿te das cuenta, Adriana, del trasfondo de amor que debe existir para que tú y yo gocemos de la libertad que Dios nos ha regalado?

Quizá por este tipo de opiniones fue que Isabel decidió otorgarle un punto extra de participación. ¡Esta niña linda sí que sabe! Solo después de charlar con ella es que comprendo por completo el sentido del mensaje final del texto: "¡Desde siempre nuestros pueblos han estado preparados para el ejercicio de la libertad y no deben conformarse con menos!"

Por otra parte, el silencio patán es practicado por aquellos que callan porque no saben de lo que se está hablando, mas cuando abren la boca, la incongruencia de sus palabras los delata y los conduce a adoptar posturas defensivas y descalificadoras. Es el caso de Emiliano, "el lidercillo".

14. EL TALLER DE LA MODISTA

—Me llamo Adriana y vengo a tomarme medidas para mi vestido de graduación.

Siempre resulta agradable saber que existe alguien al que le importa sinceramente el desarrollo personal que cada uno va alcanzando a lo largo de la vida. En esta ocasión es mi papá quien me da la agradable sorpresa de aceptar que reservemos una mesa para la cena-baile de mi graduación de bachillerato y, no solo eso, además ha insistido en que me mande hacer un vestido para este especial acontecimiento.

Después de todo el ruco no es tan mala onda como aparenta. Un poco serio quizá, muy poco cariñoso en las veces que se arriesga a serlo, pero siempre preocupado por el bienestar de los suyos a costa de su precaria salud. Sé de sobra que nuestra situación económica no está como para pagar desahogadamente diez lugares en un salón de lujo, pero...

—Mi hija tiene que celebrar como se merece la terminación de su preparatoria —es el argumento con el que mi padre aniquila la inicial negativa de mi madre.

La modista trata de convencerme de que la moda dicta una casi interminable abertura al frente de la larga falda y estoy a punto de acabar de pleito con ella, puesto que resulta ser todo un caso en lo que a terquedad se refiere, habilidad en la que desafortunadamente, para su interés, yo no canto nada mal las rancheras.

—En primer lugar, no quiero que un vestido tan caro termine en el armario por veinticinco años en lo que regresa la mentada moda y de nuevo pueda ser usado sin verse ridículo... por mi hija —le expreso y prosigo—. En segundo lugar, aunque estoy consciente de que no tengo tan mala pierna, he visto divertida los apuros de algunas mujeres cuando al sentarse luchan inútilmente tratando de cerrar la rebelde abertura en vez de disfrutar el convivio. Deme un motivo de peso por el que he de entrar en ese hipócrita juego de las apariencias; después de todo, aunque la mona se vista de seda... —concluyo desafiante.

La diseñadora, que no ha dejado de verme a los ojos, al fin baja la mirada.

15. ¿MERECE LA EXPULSIÓN?

La clase de esta semana de "Problemas", como de cariño le digo a mi materia favorita, empieza con la invitación de Isabel para compartir nuestra información del caso de Diego.

Las manos se levantan por doquier, y sin que eso le signifique algo, Emiliano "el lidercillo" es el primero en hablar, y por enésima vez en lo que va del curso hace el oso frente a sus seguidores al recibir la inmediata reprimenda de Isabel por su torpe perorata.

—Si asistieras más seguido a clases y si fueras menos soberbio en todo lo que haces, tus intervenciones dejarían de quitarnos el tiempo.

No puedo estar más de acuerdo con Isabel, pues se nota que Emiliano tiene talento, además de que la parte menos oculta de sus cualidades consiste en estar lo que sigue de guapo.

El debate continúa y por fin llegamos a una pregunta central en el asunto: ¿en verdad Diego merece ser expulsado por lo que hizo? El sentir de la totalidad de mis compañeros coincide en que la respuesta debe ser un rotundo ¡NO!

A todos nos queda claro que Diego peleó con "aprendiz de junior" y que eso está mal. Lo que no nos termina de convencer es el ridículo argumento de Samuel respecto a que Diego "me faltó al respeto con su actitud".

Por más que varios de nosotros hemos indagado con Diego y con los testigos de los hechos, dos de los cuales están presentes en la clase de hoy, nadie acierta a entender en qué momento o qué tipo de actitud es a la que se refiere Samuel para basar su acusación.

Mas la situación comienza a clarificarse un poco al escuchar lo que dicen el muchacho callado y el chico listo que platicaron con los alumnos del otro turno del colegio.

16. EL CAMBIO DE SAMUEL

—Hasta el semestre pasado —comienza el muchacho callado—, Samuel trabajaba en el segundo turno de la preparatoria, y contra las políticas de la escuela, al inicio de este semestre le concedieron el cambio a la titularidad de una prefectura en nuestro turno.

—Toda la gente del otro turno —complementa el chico listo— coincide en afirmar que Samuel es un frustrado y un inseguro que necesita reafirmarse continuamente con actos prepotentes. Además de que su misteriosa transferencia se debe tanto a su pobre desempeño, como a la nada inteligente actitud de algunas autoridades que prefieren cambiar los problemas de sitio, en vez de tomar decisiones que, aunque puedan parecer drásticas, son la cura de muchos males dentro de las organizaciones.

Es increíble que el director de la escuela, quien aparenta ser una persona muy capaz, permita que uno de sus colaboradores inmediatos la riegue tan grueso. En fin, lo hecho, hecho está y no se puede regresar el tiempo.

Con estos elementos del caso sobre la mesa, el grupo decide formar una comisión para hablar con Samuel y pedirle que le permita a Diego concluir su prepa sin problemas, y me da mucho gusto que mis compañeros me proponhan como parte de la comisión, porque parece que se han dado cuenta de que, a lo largo del tiempo que llevamos estudiando juntos, soy de las personas que no se paralizan ante las situaciones espinosas.

Más bien a veces creo que por mi carácter termino por encontrar problemas gratis. Sin embargo, me parece que vale la pena arriesgarse por una causa justa, ya que si todos nos quedamos sentadotes observando cómo le dan en la torre a uno de nuestros compañeros, estaremos otorgando nuestra aprobación implícita para que ese cabeza de chorlito de Samuel siga haciendo de las suyas.

Ya veremos en qué termina todo este enredo, por lo pronto Isabel cierra la discusión del caso de Diego y abre su libro para la lectura de hoy.

17. LA EDUCACIÓN

Probablemente la actividad más noble sobre la faz de la Tierra, después de la maternidad, sea la de educar.

La educación promueve la vida intelectual y volitiva de la persona humana, lo cual es condición de posibilidad para su desarrollo integral. Educar es mucho más que enseñar, es buscar la empatía del educando e intentar a través de todos los medios posibles que discierna e integre los conocimientos y las actitudes a su bagaje cultural de manera permanente.

Educar es contagiar la inextinguible luz de la curiosidad por comprender lo que hay detrás de las apariencias, para lo cual, primero es necesario ser luz que ilumine e incendie: existe un abismo de diferencia entre un profesor y un maestro.

Aun cuando mucho se ha hablado del vital papel que desempeñan los maestros en el engrandecimiento de nuestra nación, con profunda pena debe reconocerse que ha sido muy poco lo que se ha avanzado a lo largo de nuestra historia en este rubro, en virtud de las decisiones y acciones institucionales.

Más bien estamos ciertos de que han sido los grandes maestros, que por fortuna hemos tenido, quienes en lo individual han realizado un esfuerzo encomiable para evitar un estancamiento mayor, que nos tendría abatidos en una situación más adversa.

¿Dónde se encontraría nuestro país sin aquel noble grupo de seres que con corazón generoso día a día emprenden su vocación de formar hombres y mujeres para los demás?

Queridos maestros: ¡porque su labor no es reconocida como se merece, es necesario hacerlo hoy en todo lo que vale y, porque reiteradamente hemos fallado en la política educativa nacional, es indispensable rediseñarla hoy, pues mañana será demasiado tarde!

¡Nuestro país reclama escuelas, no edificios escolares; nuestro país reclama estudiantes, no parásitos de pupitres; nuestro país reclama maestros, no profesionistas frustrados; nuestro país reclama educación, no certificados y títulos!

18. EL REY CHIMUELO

¡Cómo me divierto al observar los gestos de incomodidad y los cuerpos cada vez más hundidos en las bancas de todos aquellos a los que les queda el saco de la lectura!

"Nuestro país reclama estudiantes, no parásitos de pupitres"; no cabe duda de que los mensajes siempre terminan por identificarse fácilmente con sus destinatarios. Más aún, las frases rudas son ideales para los chicos rudos.

Me parece que, en ocasiones por estar cuidando tanto nuestro lenguaje con tal de no ofender a los demás, dejamos de expresar verdades que el único daño que pueden hacer solo es posible cuando dejan de decirse. Eso sí, debe encontrarse la mejor forma e Isabel nos lo ilustra con una historia.

—Había una vez un rey que todas las noches soñaba que se le caían uno a uno los dientes y preocupado mandó llamar al mejor intérprete onírico del reino para que le explicara el significado. El experto meditó y exclamó: "¡Oh, respetado soberano, la noticia es terrible! Tu sueño predice un futuro desastroso, pues todos tus familiares morirán poco a poco y te dejarán en la más completa soledad". El rey se perturbó tanto con esta opinión, que encolerizado mandó ejecutar al experto. Sin embargo, como en las noches posteriores siguió soñando lo mismo, ordenó que le trajeran al más grande erudito del mundo, quien entusiasmado le dijo: "¡Oh, respetado soberano, la noticia es magnífica! Tu sueño habla de la gran vitalidad que posees, la cual se fortalecerá a lo largo del tiempo y te hará sobrevivir a todos tus familiares". El rey se sintió tan complacido con el veredicto que decidió duplicarle el pago al erudito.

Pero aprovechando el ambiente relajado al final de la historia, el que no se queda callado es Emiliano "el lidercillo", quien ante la total libertad de expresión que le brinda Isabel, busca la revancha de los ridículos que ha protagonizado en la materia y comienza a despotricar en contra de la supuesta conciencia cívica que se nos está inculcando a lo largo del curso.

19. LA DIATRIBA DE EMILIANO

—Los conceptos de *educación, paz, libertad* y demás que estamos analizando son falsos e inexistentes en la práctica.

El grupo queda boquiabierto y se vuelve al "lidercillo", que envalentonado prosigue.

—A estas alturas, todos sabemos que somos parte de un gran circo en el que el dueño pone las reglas y los demás, o las siguen o se van. Entonces, ¿por qué perdemos el tiempo ocupándonos de lo que debería ser cuando no podemos hacer nada por cambiar lo que ya sucede de hecho? Lo que necesitamos no son ideas teóricas, sino consejos prácticos que nos ayuden a sacar el mejor provecho de las circunstancias, y si en el camino aprendemos algo para lograr nuestros objetivos más rápido, pues qué mejor: recordemos que el que no transa, no avanza. Por ejemplo, en este mundo no debería haber miserables ni magnates, pero los hay; y los ricos se harán cada vez más ricos a costa de los demás. ¿Podemos hacer algo al respecto? Claro que no, y los pobres seguirán siendo indigentes porque todos sabemos que son unos tontos y holgazanes incapaces de aprovechar las oportunidades que todos tenemos por igual. Entonces, ¿para qué preocuparnos por ellos? Mejor concentremos nuestros esfuerzos en ser millonarios y olvidémonos de los pordioseros. Total, si a alguien le molesta tanto verlos, que voltee su mirada hacia otro lado y se acabó el problema, ¿o no?

Algunos seguidores de Emiliano celebran su discurso, mientras, uno a uno, los demás dirigimos nuestra mirada hacia la maestra y poco a poco surge un silencio sepulcral en el salón. Isabel se queda observando al improvisado orador con una profunda mirada durante algunos interminables segundos y a continuación le dice con toda calma:

—Estoy segura de que tienes la capacidad de ver más allá de los que hoy nos has expresado. Solo quiero que me prometas que no faltarás a la siguiente clase.

Emiliano asiente.

20. LISTOS PARA LA FUNCIÓN

"La clase de hoy será en la Sala Audiovisual. Atentamente, Isabel." Después de leer el mensaje escrito en el pizarrón nos dirigimos hacia la nada acogedora sala audiovisual en donde ansiosamente esperamos a que lleguen todos los compañeros para conocer lo que Isabel nos ha preparado.

Con la idea de no perder detalle, por primera vez en el curso mi mejor amiga y yo nos sentamos hasta adelante, lo que permite que platiquemos de manera breve con el muchacho callado y el chico listo, y divertidas descubramos que el primero siempre se sienta al frente por miope y el segundo por chaparro.

De acuerdo con su compromiso, Emiliano "el lidercillo" está presente sentado en la parte media de la sala, rodeado de sus seguidores como es su costumbre. Al terminar de pasar la lista de asistencia, llegan corriendo Sofía y la niña linda, quienes como siempre se sientan en los lugares que encuentran disponibles, por lo que su ubicación en cada clase es impredecible.

Isabel pide que apaguen las luces, proyecta una transparencia y pregunta:

—¿Quién me dice lo que aparece en la pantalla?

Comienzan las intervenciones.

—Se trata de una cara.

—Más bien, de parte de una cara.

—Parte de la cara de un niño.

—No, no parece niño, parece adolescente.

—Pero la cara tiene expresión.

—¡Que no se ve la cara completa!

—Está bien, la parte de cara tiene expresión.

—Entonces no es una parte de cara, es una parte de rostro.

—¡Es un rostro incompleto!

Isabel prosigue con otra pregunta:

—¿Qué se imaginan que hay detrás de este rostro incompleto?

Nuevamente un cúmulo de respuestas.

—La parte que lo completa.

—¡Qué brillante!

—Nuca y cabello.

—¡Muy gracioso!

—Una cómoda almohada.

—¡Ja, ja, ja!

—Por la expresión del rostro parece que no es tan cómoda la almohada.

—¡Ja, ja, ja!

Ante una señal de Isabel el relajo se detiene y nos advierte:

—El video que veremos fue elaborado por sus compañeros del semestre pasado y está basado en la experiencia de vida de uno de ellos. Los invito a que descubramos juntos lo que hay detrás del rostro incompleto.

21. ¡CORRE VIDEO!

La sonora algarabía matutina de gatos, perros, niños, pájaros y uno que otro malhablado gritón marca el inicio de un nuevo día en el miserable suburbio.

La madre ha salido de casa desde la madrugada para llegar a tiempo al primero de sus dos trabajos y sobre la única mesa del cuarto primitivamente edificado con trozos de madera y cartón se encuentra una helada taza de café negro y el importe exacto del pasaje al centro de la ciudad.

Paladea con lentitud su único alimento de la mañana a la par que juguetea con su máximo tesoro: un cochecito de metal con el que algún automovilista le había pagado por su servicio.

En el accidentado paraje para salir del pobre barrio brinca sobre algunos de los indeseados pero inevitables subproductos de la modernidad: latas de refresco, llantas inservibles, bolsas llenas de desechos, botellas de bebidas alcohólicas y gran cantidad de papeles sucios que, impulsados por el viento, no cesan de recordarle el insignificante valor que la sociedad actual les concede a las personas de su condición.

Aparece entonces *el Chucky*, viejo conocido del arrabal quien, aún bajo los efectos de la droga, le exige algunas monedas para poder continuar con su vicio y, en virtud de su respuesta negativa, lo encara, amenaza, escupe y jalonea, buscando forzarlo a cambiar de opinión, lo cual solo provoca como respuesta el lanzamiento de un certero puñado de tierra a los ojos del agresor que, cegado de manera momentánea, le permite al agraviado liberarse y correr, dando por terminado el breve encuentro.

Este día la chamba no es productiva. Los jueves de un invierno sin lluvias combinan la escasez de dinero de la gente con la falta de suciedad de los carros, por lo que los limpiaparabrisas como él sufren por encontrar quién acepte utilizar su servicio.

Al final de la jornada sólo tiene poco más de la mitad de la cuota que debe entregar a *el Padrino* y ya sabe que le espera una regañiza y, si el tipo está de malas, uno que otro golpe de furia, antes de que le arroje al piso las monedas para su pasaje de regreso a casa.

En la maloliente pocilga que hace las veces de oficina, *el Padrino* se encuentra acompañado por otro sujeto de faz deformada por una amplia cicatriz que le atraviesa el lado derecho de la cara y se pierde bajo el cuello de su percudida camisa.

No pasa mucho tiempo antes de que el reclamo de *el Padrino* se torne violento y grite tres o cuatro maldiciones acompañadas de igual cantidad de puñetazos a la mesa.

Comienza a estar fuera de sí cuando el tipo que lo acompaña le propone, con una sonrisa perversa, que completará el pago de la cuota a cambio de pasar un momento a solas con el deudor.

Es entonces cuando su miedo se convierte en terror y un sudor frío le invade el cuerpo entero al tiempo que el extraño sujeto lo conduce a la habitación contigua.

Escucha aturdido el cerrojo de la puerta, un "todo saldrá bien si cooperas", cremalleras que bajan y el ruido de su cochecito de metal cuando cae de su bolsillo al perder el pantalón.

Sigue el silencio expectante... el dolor desgarrante... el llanto impotente... el desfallecimiento...

No se le ve completo el rostro, mas no es necesario. Tiene la mirada perdida en algún lugar del pasado que quiere borrar de su memoria, pero la realidad es apabullante.

Parece estar condenado de por vida al sufrimiento, a la pobreza, a la denigración y a la basura que en esos momentos lo acuna fríamente mientras, tendido de espaldas, intenta con menos entusiasmo que éxito alejarse de todo aquello que es su mundo cotidiano.

El mismo que hace unos momentos le hizo sentir en carne propia la arrogante y despiadada dureza con la que en ocasiones acostumbra tratar a los menos favorecidos.

Fin del video.

22. CONSTERNACIÓN COLECTIVA

Se encienden las luces de la sala audiovisual y observo que no soy la única a la que se le han salido las lágrimas.

Mujeres y hombres estamos impactados por igual ante lo que acabamos de presenciar. Un dramatismo que se torna extremo al pensar que su protagonista real ha convivido diariamente con nosotros desde hace tiempo.

Isabel rompe el silencio.

—El video que les proyecté no es para todos. Quisiera que lo fuera, pero admito que aquí y ahora aún no lo puede ser. Ignoro cuando lo será, mas estoy segura de que llegará el tiempo en el que la minoría se convierta en mayoría y mi anhelo se cumplirá. El día de hoy, muchos ven cintas que se hicieron exclusivamente para ser vistas y son pocos quienes aprecian los filmes que piden ser reflexionados, entre otras razones, porque la reflexión implica mayor tiempo y esfuerzo que el sólo mirar, y nuestra sociedad no cesa de pregonar la eficiencia y la comodidad como pilares de su modernidad. El secreto consiste en distinguir cuando algo hay que hacerlo despacio y rehusar seguir adelante si hay prisa, si hay cansancio o simplemente si el humor no es el adecuado para reflexionar. El tiempo para reflexionar, al igual que el tiempo para amar, necesariamente debe ser lento. Recuerden que la gran obra de amor que disfrutamos a diario se consumó en seis largos días, pudiendo haberse creado en solo un instante.

Antes de abrir la puerta para dejarnos salir, Isabel pregunta.

—¿Se dan cuenta de todo lo que podemos reflexionar observando un aparentemente simple rostro incompleto?

Volteo hacia atrás. Algunos asienten moviendo la cabeza con lentitud hacia el frente y me percato de que Emiliano está atónito; no cabe duda de que él ya se dio cuenta.

23. EL VÉRTIGO DE LA LIBERTAD

"Los exámenes de admisión para licenciatura se aplicarán en el Edificio 2. Atentamente: Control Escolar."

Estoy nerviosa y no puedo explicar por qué.

Aun cuando he visitado en otras ocasiones esta universidad... Aun cuando resolví en su totalidad la guía de estudio del examen... Aun cuando mi trayectoria por la preparatoria ha sido satisfactoria...

Siempre hay algo que en el fondo no me permite estar por completo tranquila, sino hasta que inicio la actividad que me inquieta. Recuerdo que algún maestro de filosofía le llamó a esto "el vértigo de la libertad"; la sensación de estar experimentando un riesgo asumido por decisión propia.

¡Me choca! ¡Siempre es lo mismo conmigo! Sé que lo más probable es que todo salga bien y, sin embargo, es la angustia previa la que me reta, la que me ataca, la que me consume...

¿Cuándo diantres comenzará esto? Por suerte el pazguato tipo que explica las instrucciones del examen de admisión termina dos segundos antes de que me levante exasperada a sugerirle menos choro y más acción.

Conforme avanzo en la resolución de la prueba me siento más segura del trabajo que estoy haciendo, lo cual contrasta con la mayoría de los aspirantes, quienes poco a poco se ven más nerviosos y distraídos, lo que origina que en repetidas ocasiones el tipo que nos cuida solicite silencio.

Me pregunto si ya se habrá dado cuenta del descarado sujeto que le está copiando todo el examen a la niña que se halla sentada delante de mí... Creo que no... Al menos no parece darle importancia al asunto que está comenzando a poner inquieta a mi vecina de enfrente que resiste callada...

¿Quién será el más imbécil de los tres? La niña por dejarse, el sujeto por copiar o el tipo por no castigarlo... La complicidad parece no tener fronteras claras en algunas ocasiones... ¡Y yo! ¡¿Qué papel juego en todo esto?!... ¿Acaso el silencio no es la forma de complicidad más cobarde?...

24. MIRADAS QUE MATAN

Al fin me cae el veinte; me levanto de manera intempestiva de mi banca y, ante la sorpresa de todos los que me rodean, exijo públicamente una solución al agravio que presencio.

Actuando más por desconcierto que por convicción, el tipo le recoge el examen al sujeto quien, al abandonar el salón, me dirige una por demás expresiva y obscena mirada que, por fortuna, nada me significa.

La niña linda, mi mejor amiga, Sofía y yo, decidimos celebrar juntas al final del examen tomándonos un helado en la cafetería de la universidad que, por cierto está hasta el gorro. Uno... dos... tres... cuatro y... ¡listo! Por suerte encontramos una mesa disponible que nos permite sentarnos y relajarnos.

Según nosotras, el examen fue realmente sencillo, lo cual se refleja en nuestro inmejorable humor. Las bromas surgen unas tras otras, hasta que mi mejor amiga baja la voz y comenta que le impresiona la inteligencia de los chavos de licenciatura de las otras mesas que, no entiende cómo, ya se dieron cuenta de que no somos universitarias, sino prepis. Sofía, que jamás deja pasar una, de inmediato le pregunta a mi mejor amiga en un tono muy serio:

—¿Crees que esa brillante deducción tenga algo que ver con el uniforme que llevamos puesto?

Una estruendosa carcajada conjunta nos termina de liberar de todo tipo de tensiones y nos encamina hacia la salida de la universidad.

Pasamos juntas toda la tarde del viernes en casa de Sofía escuchando música de moda y platicando ampliamente sobre nuestras vidas y proyectos. ¡Ojalá que esta amistad dure por siempre! Es increíble la confianza que hemos depositado unas en las otras a lo largo de este último semestre, y llegamos a la conclusión de que tres cosas han contribuido al fortalecimiento de nuestra relación.

25. LAS CUATRO AMIGAS

La materia de Isabel, el caso de Diego y mi reciente candidatura a reina de la generación son tres circunstancias que, habiendo sido originadas por la escuela, nos han dado tres causas comunes por las cuales trabajar en una misma dirección.

No estamos convencidas de que esa hubiera sido la intención de la dirección escolar; sin embargo, a estas alturas eso poco importa ya que, gracias a nuestra decisión de entrarle con ganas a los asuntos, hemos conseguido sacarles bastante provecho para fines de nuestra integración.

Otra cosa muy distinta habría ocurrido en caso de que nos hubiera valido queso la vida. Lo más probable es que en estos momentos andaríamos deambulando por la escuela sin mayor pena ni gloria, al igual que muchos de nuestros compañeros quienes, carentes de una iniciativa con sentido que los entusiasme, se conforman solo con ver pasar la vida.

Al parecer la diferencia no se encuentra en las circunstancias externas, sino en la manera en que las personas las perciben y las afrontan.

En un momento la plática con mis amigas deriva inevitablemente a lo sentimental.

Sofía es mi envidia: desde hace un año tiene un novio lindísimo y mi intuición me dice que de esa relación nacerá un encantador matrimonio.

La niña linda afirma que va a consagrarse de religiosa y, aunque en un principio pienso que tiene todo para encontrar a un gran hombre y formar una familia padrísima, termino por darme cuenta de que con su proyecto de vida beneficiará a muchísima gente.

A mi mejor amiga no le interesa por el momento hablar de esos temas: no tiene novio, ni quiere tenerlo pronto, ella desea ejercer su profesión y desarrollarse en una gran empresa antes de considerar la posibilidad de casarse.

Por mi parte nada me haría más feliz que encontrar cuanto antes al hombre con quien compartir mi vida. Y aun cuando no espero al príncipe azul, mis amigas me bromean con que si quedo como reina de la generación no tendré más remedio que buscarme rápidamente un rey. Ya el tiempo lo dirá...

26. EL REPORTE DE LA COMISIÓN

Hoy es martes y estoy más ansiosa que nunca por llegar a la clase de Isabel para dar el reporte de la comisión que platicó con Samuel.

¡Nunca había conocido a un tipo tan nefasto y tan terco! Está montado en su mula e insiste en que Diego debe ser expulsado de la escuela. A cada nueva razón que le dábamos para persuadirlo a rectificar su parecer, su posición se volvía más y más intransigente; y a cada nuevo cigarro que fumaba, sus manos temblaban más y más, y su cerebro funcionaba menos y menos.

Lo peor de todo es que jamás pudo darnos alguna razón diferente a la de su súper subjetiva interpretación de la famosa actitud de Diego, y acabó por no dejarnos hablar más, tirándonos un rollazo plagado de incoherencias que nos obligó a salir de su oficina de forma apresurada, antes de que se terminara de fermentar lo que tiene dentro de la cabezota y el olor a estiércol fuera insoportable.

Isabel pasa muchas dificultades para controlar la avalancha de comentarios que mi relato provoca en mis compañeros.

Todo el mundo está indignado y nadie sabe qué hacer. Hay desde el que propone que debemos ir todos en este momento a ver al director, hasta el que plantea que con una calentadita bastaría para poner a Samuel en su lugar.

Transcurre un buen rato antes de que el grupo recobre la compostura y nuestras opiniones cedan lugar a las de Isabel, quien primero que todo pide calma y hace un llamado a la cordura.

—Siempre es mejor actuar con la cabeza fría, por lo que les sugiero que dejemos reposar las emociones y demos tiempo al tiempo. Además, estoy convencida de que la palabra es el mejor medio con el que cuenta el ser humano para entenderse con los demás. En particular, es muy efectivo el poder de la palabra escrita, por lo que los invito a redactar un documento con el fin de que se publique en la próxima *Gaceta Escolar*.

Por último, Isabel nos propone que reflexionemos sobre el caso de Diego a la luz del siguiente capítulo del libro de lecturas.

27. LA RELIGIÓN

En estos tiempos de cambio e incertidumbre la religión ha sido presentada con frecuencia en las posiciones más extremas: hay desde quienes la consideran como la panacea que resuelve todas las dificultades terrenas, hasta quienes niegan por completo que posea intrínsecamente algún tipo de utilidad.

Ninguna de las dos posturas es sana: negar el valor de la religión para el alma es como negar el valor del deporte para el cuerpo, y anunciarla como el remedio omnipotente para los problemas es engañar arteramente a las personas.

La religión tiene la capacidad de sublimar al ser humano en un sitio privilegiado al cual solo él puede tener acceso, pero también debe invitarlo a relacionarse de forma permanente con el aquí y el ahora que forman parte de su realidad cotidiana. Específicamente deben distinguirse tres características para llevar a cabo el objetivo antes enunciado: la búsqueda de la verdad, el ejercicio de la justicia y la actuación con amor.

La búsqueda de la verdad debe ser la práctica regular en las actividades espirituales puesto que ello justifica su razón de ser. Sin embargo, no debe detenerse ahí: es necesario que esa búsqueda de la verdad se convierta en el paradigma primario de la interpretación de la realidad.

El ejercicio de la justicia debe ser la segunda naturaleza de los miembros de las organizaciones religiosas, pues el conocimiento de la verdad obliga a pasar a la acción, discerniendo el campo de mayor pertinencia y expresando con firmeza a través de palabras y obras el compromiso de ser agentes de equidad social.

Finalmente, el amor debe ser el sello distintivo de los practicantes religiosos, que permita tomar en cuenta en toda su amplitud a la persona humana como destinataria de sus decisiones y acciones. Este tercer eje es el que le brinda a la religión un sentido trascendente que la eleva por encima de otras prácticas humanas y en ello radica su gran posibilidad de impacto social positivo.

28. EL ANCIANO DEL OASIS

Al término de la lectura todos nos sentimos más tranquilos y me parece que con la capacidad de generar mejores ideas que al principio de la clase.

¡Vaya, vaya! Verdad, justicia y amor... Interesante terna, no cabe duda...

Isabel recomienda que se forme una comisión con el objetivo de redactar el documento para la *Gaceta Escolar* y pregunta quién estaría dispuesto a presidirla. De inmediato, y ante la incredulidad de muchos entre los que me incluyo, Emiliano "el lidercillo" se propone para asumir la responsabilidad.

¿Será posible lo que escuchan mis oídos? Emiliano sugiere al muchacho callado, a Sofía y a mí para terminar de integrar la representación que es aprobada por unanimidad.

Ya es muy tarde y todavía no puedo entender lo que pasó al final de la clase de "Problemas". Antes de que Isabel propusiera la creación de la comisión nos contó una historia.

Un joven llegó a un oasis cercano a un pueblo y le preguntó a un anciano: "¿Qué clase de gente vive aquí?" El anciano a su vez le interrogó: "¿Qué clase de gente vive en el lugar de donde vienes?" El joven le respondió: "Son unos egoístas y malvados. Estoy feliz de haber salido de ahí". El anciano replicó: "Iguales a los que encontrarás aquí". Al día siguiente, otro muchacho paró en el oasis y le preguntó al mismo anciano: "¿Cómo son las personas de aquí?" El anciano lo cuestionó: "¿Cómo son las personas en el lugar de donde vienes?" El muchacho contestó: "Son amables y honestas. Me pesa mucho haberlas dejado". El anciano le dijo: "Iguales a las que encontrarás aquí". Entonces un hombre que había presenciado ambos incidentes interrogó al anciano: "¿Cómo es posible dar dos respuestas diferentes a la misma pregunta?" A lo cual el viejo respondió: "Cada uno encontrará lo que lleva en su corazón. Todo es cuestión de actitud".

Entonces me pregunto si Emiliano es muy hábil y quiere quedar bien con Isabel usando mezquinamente el caso de Diego y ¡terminaré odiándolo con todas mis ganas! O bien, si está obrando con sinceridad y ¡terminaré amándolo con todas mis ganas! ¿Qué me diría el anciano de la historia?

29. EL CIERRE DE CAMPAÑA

En verdad que estas últimas semanas han estado súper movidas. El final del semestre crucial para la terminación de mi preparatoria será difícil de olvidar.

Ojalá y en la universidad los profesores sean un poco más ordenados y cumplan cabalmente con su programa de estudios en los tiempos requeridos para evitar las corretizas de última hora que no consiguen otra cosa que dejarnos llenos de lagunas mentales y ojeras faciales innecesarias.

Además, mi candidatura a reina de la generación ha sido muy absorbente de tiempo y energía para mí y mi equipo de campaña. No obstante, por nada del mundo cambiaríamos las experiencias tan padres que estamos viviendo. No sabemos en que vaya a terminar todo esto, pero por lo pronto pagamos por ver.

Faltan solo diez minutos para que comience el acto de cierre de mi campaña y al equipo de sonido no se le da la gana funcionar. Si se hubieran reunido unos veinte alumnos no me importaría, pero el Salón de Actos está prácticamente a reventar. Esto no significa que todos ellos votarán por mí, pues desde ayer lunes están acudiendo a conocer a todas las candidatas, pero para bien o para mal, en el sorteo me tocó ser la segunda y aquí estoy en martes, perdiéndome la clase de administración.

Ahora solo restan cinco minutos para empezar y por más maldiciones que ha recibido el sonido, ni se inmuta ni se acongoja. El nerviosismo entre mi equipo de campaña comienza a ser notorio y nadie sabe a ciencia cierta qué puede ser lo mejor en estos casos: cancelar el acto, posponerlo, conseguir otro equipo o salir corriendo y dejar todo botado.

Tres minutos y contando. El copioso sudor de mis compañeros que saben algo de electrónica y le hacen cirugía mayor al triste aparato les empieza a oscurecer el color de sus playeras en las axilas, lo cual de ninguna manera intimida al odioso amplificador que sigue tan afónico como lo encontramos.

Queda un minuto y la locura es total, pues ya se escuchan los rítmicos aplausos y los sonoros silbidos que exigen el arranque del evento. ¡Por Dios!, ¿qué hacemos?

30. ¡MATEMOS AL GALLO!

—¡Ya lo tengo!

Escucho el entusiasta grito de Sofía que se me acerca y me pregunta:

—¿Confías en mí?

—Claro que sí.

—¿Confías en ti?

—E-eso creo...

—Entonces, ¡ánimo, amiga!

Me toma de la mano y me deja tras la última bambalina, mientras sale al escenario a enfrentarse al público con su potente voz.

—¡Bienvenidos al cierre de campaña de Adriana! ¡Les prometimos muchas sorpresas y no los defraudaremos! ¡Por favor, pónganse de pie y aplaudan conmigo!

Desconcertados, casi todos se paran y siguen con atención a Sofía: clap... ¡clap!... ¡¡clap!!... ¡¡¡clap!!!...

—Todos repitan: ¡Mateemos al gallo, matémosle!

—¡¡¡Mateemos al gallo, matémosle!!!

—¡Y nunca más hará co-co-ri-co-ri-co-ra-a-a!

—¡¡¡Y nunca más hará co-co-ri-co-ri-co-ra-a-a!!!

—¡Gallo bullanguero, gallo gritón!

—¡¡¡Gallo bullanguero, gallo gritón!!!

—¡Yo comerte quiero en salchichón!

—¡¡¡ Yo comerte quiero en salchichón!!!

—¡Y nunca más hará co-co-ri-co-ri-co-ra-a-a!

—¡¡¡Y nunca más hará co-co-ri-co-ri-co-ra-a-a!!!...

¡Vaya susto que pasamos! De no haber sido por el ingenio de Sofía, que con su canción de campamento nos hizo dos estupendos regalos: diez minutos adicionales para reparar el sonido y una súper prendida audiencia, seguramente ahora estaríamos contando una historia diferente.

Sin embargo, gracias al cielo el evento resultó un exitazo que sin duda redundará en beneficio de mi candidatura. Además, todo el mundo chulea a más no poder las galletas que regalamos a la salida del Salón de Actos y que orgullosamente provienen del horno de una de mis mejores amigas: quién si no la niña linda. De veras que, de no ser por mi fabuloso equipo de campaña, esta sensacional experiencia estaría siendo una horrible pesadilla.

Apresuradas, llegamos a la última clase del semestre de "Problemas", que comienza con la petición de algunos compañeros que desean saber cuál será el contenido del examen final. En respuesta, Isabel reparte la guía de estudio que había preparado con anticipación.

Resuelto este punto, procede a leer un último capítulo del libro de su maestro.

31. LA REFLEXIÓN

La reflexión es un ejercicio mental que nos permite transitar de un estado de conocimiento a otro superior y, como cualquier otro tipo de práctica, requiere un entrenamiento constante para poder obtener los mejores resultados.

Desafortunadamente nuestra "eficiente" sociedad moderna nos impone diferentes obstáculos para lograrlo.

En primer término, el eficientismo provoca que la gran mayoría de la gente se conforme con conocer a nivel informativo. Sólo algunos profundizan para conocer a nivel comprensivo y son muy pocos los que se toman la molestia de conocer a nivel vivencial.

Por ejemplo, resulta contundente la diferencia entre conocer el amor, comprender el amor y vivir el amor; o entre conocer la desgracia, comprender la desgracia y vivir la desgracia.

En segundo lugar, es mucho más sencillo dialogar sobre otras personas que dialogar sobre conceptos. No es nada extraño que las conversaciones modernas tengan como eje central al prójimo, generalmente ausente. Sin embargo, es necesario recordar ahora que las personas pequeñas hablan de otras personas, las personas comunes hablan de objetos de realidad y las grandes personas hablan de ideas.

Por ejemplo, de una película podemos charlar sobre los dimes y diretes de sus protagonistas, sobre la producción, el sonido, el vestuario, el maquillaje o los efectos especiales, o bien sobre su mensaje y trasfondo ideológico.

Finalmente, pero no por ello menos dramático, encontramos que nuestra sociedad nos ha acostumbrado a tener todo de manera acabada. No estamos habituados a trabajar para completar algo: lo incompleto por definición es defectuoso. Pero no debemos perder de vista que lo más valioso de lo que nos rodea es justo aquello que somos capaces de aportarle: es el sujeto quien le da sentido al objeto.

Por ejemplo, el significado de una manzana fue completamente distinto para Adán y Eva, Guillermo Tell, Isaac Newton, Blanca Nieves, Los Beatles y Steve Jobs. ¿Qué sentido tiene para ti en este momento una manzana?

32. EL SENTIDO DE LA MANZANA

—En este momento, ¿qué sentido tiene para ustedes una manzana? —la maestra replantea la pregunta del texto al grupo y conduce una última dinámica que, como todo lo que hemos hecho en el curso, nos deja un gran aprendizaje.

Al término de la actividad, Isabel procede a delinear un breve resumen de lo visto en la materia, incluyendo, por supuesto, el caso de Diego, del cual hace un par de reflexiones finales.

Primero se refiere a la diferencia entre justicia y legalidad, y afirma que lo que le está ocurriendo a Diego es legal puesto que se halla contemplado dentro del reglamento de la escuela, pero que de ninguna manera es justo por dos razones básicas.

—Uno, la medida no ha sido aplicada a todos los involucrados por igual, lo cual ha permitido que Santiago ("aprendiz de junior") no tenga problema alguno. Y dos, la sanción impuesta a Diego es desproporcionada a la supuesta falta que cometió, misma que ni siquiera ha podido ser confirmada por alguien distinto a Samuel.

Después nos advierte que habrá ocasiones a lo largo de nuestra vida personal y profesional en las que deberemos elegir entre el servicio a la verdad o el servicio al poder.

—Aquellos de ustedes que sirvan al poder harán todo lo que les pidan sus superiores, lo cual les será recompensado con abundancia, pero cuando se trate de peticiones insensatas tendrán que pagar como precio el repudio permanente, y con mucha frecuencia silencioso, de la gente pensante. Mientras que los que sirvan a la verdad no será extraño que se involucren en problemas gratuitos debido al estorbo que representarán para las malas intenciones, mas tendrán la satisfacción de vivir en completa paz con su conciencia, lo cual es invaluable.

Isabel hace una breve pausa antes de concluir su alocución.

33. EMOCIONES ENCONTRADAS

—Recuerden siempre que el poder los hará esclavos y que la verdad los hará libres. Ustedes deciden, muchachos.

El día de hoy siento una extraña mezcla de emociones. Por un lado, la alegría de terminar un curso, y por otro, la tristeza de abandonar a una excelente maestra.

Me parece que Isabel también debe compartir estos sentimientos pues, qué satisfactorio debe ser para ella constatar nuestro desarrollo como personas a lo largo de su materia.

Y al mismo tiempo, qué difícil debe ser caer en la cuenta de que ahora abandonamos su aula seres que llevaremos por toda nuestra vida parte de la suya, y que quizá jamás volveremos la mirada hacia atrás.

¡Y pensar que inscribí la materia de "Problemas sociales y políticos contemporáneos" solo por el horario!

¿Cuántas veces no tomamos decisiones a la ligera cuya consecuencia se torna determinante para nuestro porvenir?

Sin lugar a duda, Isabel ha sido mi mejor maestra de la prepa. Detrás de esos pequeños, pero siempre vivaces ojos castaños, detrás de ese claro y expresivo semblante, detrás de esa sonora voz y de ese desaliñado cabello corto, se oculta una gran mujer cuya principal virtud consiste en compartir en cada clase todo lo que sabe y todo lo que es, en beneficio de nosotros… sus queridos muchachos.

—Y para que no se olviden de emplear su tiempo en vivir la vida de una manera significativa, por favor, muchachos, hagan suyo este pensamiento —nos dice Isabel, al momento de entregarnos una tarjeta impresa firmada con su nombre.

34. DEMORA

Creo que se me hace tarde para todo;
se me hace tarde para amar, pues odio;
se me hace tarde para reír, pues lloro;
se me hace tarde para parar, pues corro.
Creo que se me hace tarde para amar pues odio; y mientras odio olvido todo, y odio todo lo que olvido. Y así menos amar puedo.
Creo que se me hace tarde para reír pues lloro; y mientras lloro recuerdo todo, y lloro por todo lo que recuerdo. Y así menos reír puedo.
Creo que se me hace tarde para parar pues corro; y mientras corro deseo todo, y corro por todo lo que deseo. Y así menos parar puedo.
Creo que se me hace tarde para todo;
tarde para amar pues odio,
tarde para reír pues lloro,
tarde para parar pues corro.

Cariñosamente, *Isabel.*

35. LA FIESTA DE GRADUACIÓN

¡Qué bien cae una semana de receso entre el término de las clases y el inicio de los exámenes finales!

Es el tiempo justo para descongestionarte los sesos de tanto estudio y preparar a conciencia el cierre. Bueno, al menos eso es para lo que en teoría debería servir.

No obstante, en mi caso y el de mis compañeros que concluimos la prepa, apenas nos ha sido suficiente para ultimar los detalles de la cena-baile de graduación en donde se conocerá el resultado final del concurso para Reina de la Generación, razón por la que hoy jueves, desde muy temprano, todos en mi casa hemos estado ansiosos por llegar lo antes posible al salón para recibir a los familiares que hemos invitado a este evento.

"Salón Duleando, 21:00 horas: Cena-Baile de Graduación de la Escuela Preparatoria Nacional." Se lee a la entrada del recinto.

Me siento feliz en compañía de mis amigos que, uno a uno, somos llamados a la pista de baile para recoger nuestro diploma de terminación de estudios de manos del director. De manera impredecible cada mesa estalla en un emotivo aplauso y lanza porras al instante en que el nombre de su graduado se escucha por los altavoces.

Por fin, el nombre de Diego resuena en el salón y con un semblante desbordante de alegría se une al resto de nosotros que no paramos de celebrar con él este momento. ¡Qué cerca estuvo de no tener derecho a venir el día de hoy! Sin embargo, ¿qué otra cosa podía esperarse después de lo que publicamos en la *Gaceta Escolar* a sugerencia de Isabel?

Escuchamos el mensaje del director y enseguida se organizan las fotografías por grupitos; el conjunto musical comienza a amenizar la velada y la mayoría de la gente se para a bailar.

Pasa el tiempo y a cada instante el ambiente se pone mejor, lo que provoca que la ceremonia de Reina de la Generación tenga un gran lucimiento.

Pero para mí, lo más especial de todo es la carta que recibo al final de la fiesta, ya de madrugada, en medio de un efusivo remolino de despedida repleto de abrazos, besos y felicitaciones de todo el mundo.

36. LA CARTA DE RAFAEL

Adriana:

Ahora eres la reina de la generación.

Sencillamente creo que fue justo y merecido el resultado de la votación, pues tú tienes todas las características para asumir con categoría y dignidad ese título y todo lo que él trae consigo.

Vuelvo a vivir las últimas horas…

Te ves hermosa con ese vestido y con tu sonrisa característica. Ahora más que nunca estoy seguro de que serás la reina.

Empieza la música y la cena me parece eterna pues desesperado espero el ansiado momento de la ceremonia. Al fin da principio el acto y cada candidata expresa su sentir.

"La siguiente candidata es Adriana".

Se escuchan exclamaciones y me uno a los numerosos aplausos.

"Buenas noches…".

Tu dulce voz interrumpe la algarabía y se hace el silencio.

Hablas con mucha seguridad. Agradeces a tus padres que nunca dejaron de respaldarte, a tus compañeros de campaña que te dieron parte de su tiempo, y a todos los que te brindaron una sonrisa y su apoyo…

Me pregunto si en tu concepto estaré incluido en esta última categoría.

Después de todo, contaste con mi voto y eres un factor importante en el hecho de que me encuentre aquí, nervioso, esperando el resultado final del cómputo. Pero tú no has tenido forma de enterarte de esto.

Además, por lo que respecta a la sonrisa, siempre he estado a punto de brindártela, mas tu actitud hacia mí me confunde. ¿Cuántas veces nos hemos cruzado sin que brote de alguno de los dos una sonrisa, y menos una palabra?

Esa es una razón por la cual te escribo esto en lugar de decírtelo, pues si ni siquiera hemos roto el hielo entre nosotros, no creo que me des la oportunidad de expresar mi sentir hacia ti.

Por otro lado, quiero que sepas que, por tu forma de ser y de desenvolverte en la escuela, has logrado que se geste en mí una admiración hacia ti como estudiante y como mujer.

No, no creas que te idealizo sin aún conocerte profundamente, es solo que hay detalles mediante los cuales uno se percata del gran contenido humano de determinadas personas, de su gran valor, y como este tipo de personas no abundan, es difícil encontrar niñas como tú, que hacen que uno se sienta orgulloso de tenerlas como compañeras, llegando esa sensación al máximo cuando puedes considerarlas tus amigas.

Esta fue la segunda y más poderosa razón que me decidió a decirte todo esto en una forma muy sutil... En silencio.

"Muchas gracias a todos...".

Estalla una cascada de aplausos que me hace volver a la realidad y veo cómo te alejas del micrófono y bajas del estrado. ¡Has estado maravillosa!

Terminan de hablar las candidatas restantes. Nombran a la Señorita Simpatía. Llaman al director que dirige unas palabras.

Todo esto sucede y me tiene sin cuidado, pues el momento que espero demora una eternidad, tiempo suficiente para terminarme el *mousse* de mango que está delicioso.

Las palabras mágicas brotan de pronto.

"La reina es... ¡Adriana!"

Salto de mi asiento y aplaudo con todas mis fuerzas. ¡Sabía que el triunfo era tuyo!

Ahora eres la reina de la generación. ¡Muchas felicidades!

Esperando que me consideres como tu amigo,

Rafael.

PD: No dudes en acudir a mí cuando necesites algo. Especialmente si ese "algo" es una sonrisa.

37. ¿AMIGOS?

¡Vaya que si no me esperaba una cosa así! Con esto vuelvo a confirmar el enorme poder de la palabra bien escrita.

Desde el viernes hasta hoy me la he pasado redactando mi respuesta y, después de un gran esfuerzo, me parece que está lista para entregarse mañana que arrancan los exámenes finales.

> *Rafael:*
>
> En realidad no sé cómo empezar...
>
> Creaste varios cambios de impresión en mí al leer tu carta; me hiciste sentir muy halagada y a la vez apenada, ¿sabes?...
>
> Deseo que sea lunes para poder acercarme a ti, pero no quisiera, pues quizá caminaría entre la gente sin saber quién eres y temo confundirte de nuevo...
>
> Te soy sincera, he conocido a mucha gente y no sé el nombre de todos, tan sólo me identifico con tu nombre al sentirme orgullosa de encontrar alguien así, y que ese alguien sea la culminación de muchos esfuerzos...
>
> Para mí no era tan importante ganar y ser apoyada por mis amigos. No, eso no era lo que precisamente quería; deseaba que muchos me tendieran la mano y me ofrecieran su amistad. Esos muchos se simplifican en ti, y eso es más que suficiente...
>
> Y dices que ahora soy la reina...
>
> Eso no significa que soy la mejor; simplemente fue cosa de suerte. Entre mis compañeras había dos niñas de las que aún tengo mucho que aprender y a las cuales admiro. Sé lo que significa asumir esto, y sencillamente me siento feliz...
>
> Ahora más que nunca sé que Dios existe, pues me analizo en este instante y, ¿sabes qué me falta? Nada. Es tan increíble contar con esas pequeñas cosas que forman un todo y encierran felicidad; no siempre se tiene todo a la vez...
>
> Siento que soy realmente afortunada. Quizá sin merecerlo, te acercas a mí, me ofreces tu amistad, y yo nunca te ofrecí siquiera una sonrisa...

Gracias, siempre sentí cosas increíbles. Deseaba llorar, pero no podía. Deseaba desahogar mi felicidad. Leí el último renglón de tu carta y no me contuve: me puse a llorar...

Me hiciste sentir las cosas como hubiera querido muchos días antes. Estaba emocionada y más que satisfecha...

No ubico tu imagen. Todo ocurrió de repente. Pero eso no importa. Ya puedo valorarte antes de conocerte...

Gracias de todo corazón...

¿Amigos?

Adriana.

EPÍLOGO

Me dirijo en primer lugar a los jóvenes, para que se percaten de que todos los días ejercen el liderazgo, aun sin darse cuenta de ello.

Liderazgo es influencia y, si bien la historia de Adriana se parece a la de una oruga que se transforma en mariposa, también resulta muy valioso analizar la influencia que despliegan los demás personajes juveniles: el muchacho callado, Diego, la mejor amiga de Adriana, el chico listo, Sofía, Santiago "el aprendiz de junior", el presidente de la sociedad de alumnos, la niña linda, Emiliano "el lidercillo" y Rafael.

Con intención o sin ella, estos jóvenes modifican la realidad que les rodea, algunos para bien y otros para mal, pero lo que es innegable es que todos y cada uno de ellos influye en sus semejantes; es decir, ejerce el liderazgo.

A los lectores maduros, además de lo anterior, les pido que pongamos atención en el juicio sumario que se ganan a pulso los personajes adultos: Isabel, los padres de Adriana, el maestro de administración, Samuel, la modista y el director de la preparatoria, y que reflexionemos sobre nuestra influencia actual en los jóvenes.

Una juventud que es aparentemente distinta a la que nos tocó cuando fuimos muchachos. No obstante, el joven sigue siendo en esencia el mismo: su vitalidad inagotable, su capacidad soñadora, su inconformidad constante, su compañerismo leal y su audacia temeraria, son quizá los atributos que más rápido extraviamos en nuestro empeño por alcanzar la madurez.

Pues bien, es momento de aceptar con humildad que sin esas cualidades nuestro liderazgo generacional ha fallado una y otra vez, por lo que es preciso abrir de inmediato los espacios para un liderazgo juvenil positivo que nos conduzca a mejores puertos. Mas considero que los jóvenes requieren tres ingredientes básicos para que su esfuerzo sea exitoso:

1. Encontrar una causa significativa.
2. Tener una preparación constante.
3. Obrar con verdad, justicia y amor.

Espero que así sea.

JOSÉ MANUEL VEGA BÁEZ

SECCIÓN 2

CUMPLIMIENTO: segunda dimensión del liderazgo
OBRA: *15 poderosas lecciones de liderazgo* (2019)

Introducción

Este es mi primer libro en el que utilizo la palabra *poderoso* en el título. Así lo amerita. Pongo en tus manos 15 poderosas lecciones que desarrollarán tu liderazgo de manera pronta, práctica y permanente, siempre y cuando atiendas las siguientes indicaciones:

1. Como desconozco el momento en el que harás la lectura, cada lección comienza con una frase de liderazgo para determinar si tu ánimo es el adecuado. Si la frase te hace sentido, sigue adelante. De otra manera posterga la lectura para una mejor ocasión.
2. Después de la frase encontrarás una "Apreciación personal". Se trata de una pregunta que debes contestar para ti mismo con toda honestidad. Tómate unos segundos, no más. Esta respuesta será nuestra referencia en cada lección y conviene que esté muy clara.
3. Enseguida aparecerán los "Fundamentos de la lección", un escrito breve y directo que contiene los conceptos relevantes del tema y que te recomiendo repasar cuantas veces sea necesario para asegurarte de que los comprendes a cabalidad.

4. Una vez que logres lo anterior será oportuno continuar con el "Reto personal". Esta es una parte medular de la lección en la que aplicarás los referidos fundamentos a tu realidad cotidiana. Los retos son concisos, pero te resultarán muy relevadores.

5. Las "Recomendaciones posteriores al reto" te servirán para profundizar y afinar tu aprendizaje de los fundamentos de la lección a partir de la forma en la que resolviste el reto; te brindarán más elementos para aplicar de inmediato.

6. Cada lección finaliza con una "Conclusión personal" que debes elaborar con toda responsabilidad y conciencia, y con la certeza de que te será de mucha utilidad para continuar perfeccionando tu liderazgo de manera permanente.

7. Por último, es muy importante que avances a la siguiente lección únicamente cuando hayas terminado por completo la lección previa, con el fin de que logres el aprendizaje significativo que estamos buscando. Tómate tu tiempo y verás los resultados.

¡Ánimo y ACCIÓN!

JOSÉ MANUEL VEGA BÁEZ

Nota del autor: en esta sección solo abordaremos las cuatro lecciones que corresponden al "Cumplimiento de las metas".

La importancia de la meta

*Un buen líder sabe que el inicio de un desempeño extraordinario
es una meta extraordinaria.*

APRECIACIÓN PERSONAL

¿Defino y comunico metas claramente medibles y con un plazo
preciso de cumplimiento?

a) Siempre   *b)* Casi siempre   *c)* A veces   *d)* Rara vez   *e)* Nunca

FUNDAMENTOS DE LA LECCIÓN

1. Definir la meta es indispensable para la conformación de
un colectivo. Sin importar que consista en aumentar la
participación de mercado, en tener seguridad comunita-
ria o en ganar el siguiente partido de futbol, la meta es lo
que da sentido a lo que hace un grupo de personas.
2. En ocasiones el líder puede definir la meta, pero la mayoría de las veces está sujeto a una autoridad mayor encargada de hacerlo. Por lo que si el líder es el responsable
de su definición, esa es su labor más importante ya que de
ella pende el resto de su trabajo, mas la experiencia nos

muestra que la mayoría de las veces la meta es definida por un superior y habrá que acatarla.

3. La responsabilidad más importante del líder es el cumplimiento de la meta. Para lo cual es necesario que la meta sea claramente medible y que especifique un plazo determinado, además de que debe ser conocida perfectamente por todos los integrantes del colectivo.

RETO PERSONAL 1

Tomando en cuenta lo anterior, escribe la meta a corto plazo (máximo a un año) más importante de tu colectivo.

RECOMENDACIONES POSTERIORES AL RETO

Ten presente que la importancia de la meta es la primera lección que debes dominar y que tú puedes ser un mejor líder si revisas y reflexionas sobre las siguientes cuestiones:

¿Conoces perfectamente la meta del colectivo que encabezas? Si no es así, urge que actúes de inmediato para conocerla.

¿Pudiste escribir la meta más importante de tu colectivo? Si no te fue posible es necesario que la tengas muy bien estudiada para que no te vuelva a suceder.

¿Especifica la meta los dos ingredientes básicos: *qué* y *cuándo*? Si le falta alguno, redefine su enunciado.

¿Es conocida la meta por todos los integrantes de tu colectivo? Si no es de ese modo, convoca a una reunión para exponerla.

¿Te queda suficientemente claro que tu responsabilidad más importante como líder es lograr el cumplimiento de la meta de tu colectivo? Si no lo tienes claro, todo lo demás será inútil.

CONCLUSIÓN PERSONAL 1

¿Qué debo hacer de ahora en adelante para SIEMPRE definir y comunicar metas claramente medibles y con un plazo preciso de cumplimiento?

LECCIÓN 2

Los pasos para alcanzar una meta

El liderazgo no provoca que las metas sean fáciles,
provoca que las metas sean posibles.

APRECIACIÓN PERSONAL

¿Establezco estrategias acertadas, determino planes detallados, evalúo de manera continua los resultados y corrijo rápidamente las desviaciones?

a) Siempre   *b)* Casi siempre   *c)* A veces   *d)* Rara vez   *e)* Nunca

FUNDAMENTOS DE LA LECCIÓN

El camino más seguro para conseguir una meta consta de cinco pasos:

1. Establecer la estrategia. Consiste en elegir la combinación de recursos más adecuados que ofrezcan una mayor probabilidad de cumplir con la meta. Es necesario considerar los siguientes apartados: *a)* Analizar los recursos disponibles de nuestro colectivo, al igual que los detalles del espacio y el tiempo en el que actuaremos; *b)* Generar

diferentes combinaciones de los recursos disponibles y valorarlas a la luz de la meta definida, para elegir una y comprometernos con ella por completo.

2. Determinar los planes. Supone la elaboración detallada del camino que, atendiendo a la estrategia establecida, nos guíe hacia el cumplimiento de la meta. Los planes deben ser lo suficientemente claros para que orienten, y lo suficientemente flexibles para que se puedan adaptar a los cambios.

3. Ejecutar las acciones. Es llevar a la práctica lo que previamente estaba planeado. La efectividad de un plan depende tanto de lo bien que esté elaborado, como de lo bien que sea ejecutado.

4. Evaluar el resultado. Consiste en comparar lo que está sucediendo contra lo que debería suceder, a fin de detectar si hay desviaciones.

5. Corregir las desviaciones. Tiene por objetivo minimizar y, en la medida de lo posible, evitar una nueva desviación en la siguiente ejecución de acciones. Existen dos tipos de corrección de desviaciones: *a)* Corregir las acciones. Es la más frecuente y muchas veces la más conveniente. Consiste en investigar con quienes ejecutaron las acciones las causas que originaron la desviación y tomar las medidas pertinentes para que no se repitan; *b)* Corregir los planes, las estrategias o las metas. Este tipo de corrección debe ser menos frecuente y únicamente se justifica cuando las circunstancias originales sufren cambios drásticos. En cualquiera de los dos casos, la corrección de las desviaciones debe hacerse lo más rápido posible.

RETO PERSONAL 2

Considerando la meta que escribiste en el reto número 1, describe una circunstancia de tu encargo laboral en la que se justificaría a plenitud el ajuste de los planes, las estrategias y/o metas originalmente formulados, así como la manera en la que tendrías que hacer esos cambios.

RECOMENDACIONES POSTERIORES AL RETO

Considera que la estrategia, los planes, las acciones, la evaluación y la corrección constituyen los pasos para alcanzar una meta, la segunda lección que debes dominar, y que tú puedes ser un mejor líder si revisas y reflexionas sobre las siguientes cuestiones:

¿Puedes enunciar, en términos generales, cuál es la estrategia que has establecido para cumplir con la meta de tu colectivo? Si no es así, intenta contestar lo siguiente: ¿cómo se pueden orientar hacia la misma dirección los recursos con los que cuento?

¿Cuenta tu colectivo con planes que detallan el camino que los guiará hacia la meta? Si no tienes al menos un plan maestro que especifique las metas parciales a lograr, es urgente que lo generes considerando la periodicidad más conveniente (semanal, mensual, trimestral, etcétera) y que lo des a conocer de inmediato.

¿Puedes decir con certeza que todos los integrantes de tu colectivo saben qué les corresponde hacer y cuándo lo tienen que llevar a cabo? Si no te es posible contestar de manera afirmativa, tendrás problemas con la ejecución de acciones. Asegúrate entonces de reescribir tus planes de modo que contemplen no solo el *qué* y el *cuándo*, sino también *quién* será responsable de cada meta parcial.

¿Tienes establecidos con claridad —y si todos en tu colectivo los conocen— los momentos en los que se realizarán las evaluaciones de resultados? Si no sucede de esta manera, determina y comunica de inmediato esos periodos de evaluación parcial.

¿Estás convencido de que la corrección de planes, estrategias o metas solo debe hacerse cuando las circunstancias originales sufren cambios drásticos? Si no lo estás, es muy probable que el desempeño de tu colectivo se salga de control al generarse incertidumbre respecto a la validez de los parámetros originalmente definidos. Procura entonces enfocarte en corregir las acciones, dejando como última alternativa la redefinición constante de planes, estrategias y metas.

CONCLUSIÓN PERSONAL 2

¿Qué debo hacer de ahora en adelante para SIEMPRE establecer estrategias acertadas, determinar planes detallados, evaluar de manera continua los resultados y corregir rápidamente las desviaciones?

Las condiciones del resultado del trabajo colectivo

Lejos de ser llano, el camino del ejercicio de liderazgo pone a prueba la habilidad para conducir de manera efectiva y eficiente.

APRECIACIÓN PERSONAL

¿Antepongo la efectividad a la eficiencia y estoy dispuesto a sacrificar resultados parciales con el fin de conseguir logros globales?

a) Siempre   *b)* Casi siempre   *c)* A veces   *d)* Rara vez   *e)* Nunca

FUNDAMENTOS DE LA LECCIÓN

Esta lección es una de las más breves al contemplar solo tres puntos, pero al mismo tiempo, una de las más importantes y menos comprendidas. Se trata de tener bien claras las prioridades de tal manera que, sobre todo en los tiempos de urgencias y crisis, no vaciles al momento de decidir:

1. *Efectividad.* La prioridad del líder debe ser cumplir con la meta del colectivo. Cualquier otro resultado que se logre, aun cuando sea positivo, será deficiente porque no corresponde a lo inicialmente definido.

2. *Eficiencia.* El segundo objetivo del líder debe ser lograr la máxima productividad de sus recursos. Y es el segundo, pues de muy poco le serviría lograr alta eficiencia y con baja efectividad. Jamás se debe mermar la efectividad por conseguir eficiencia.

3. *Suboptimización.* Para que el resultado global de un colectivo sea óptimo, siempre será necesario sacrificar algunos resultados parciales. De ahí que se deba tener claridad en las prioridades del desempeño.

RETO PERSONAL 3

Con base en lo anterior, escribe un ejemplo reciente en el que sacrificaste uno o varios logros menores a cambio de conseguir un logro mayor.

RECOMENDACIONES POSTERIORES AL RETO

Ten presente que la efectividad, la eficiencia y la suboptimización son las tres condiciones del resultado del trabajo colectivo, la tercera lección que debes dominar, y que tú puedes ser un mejor líder si revisas y reflexionas sobre las siguientes cuestiones:

¿Estás convencido de que tu prioridad número uno al frente de tu colectivo es encargarte de lograr la efectividad, es decir, de cumplir con la meta? Si no lo estás, todavía no has dado el primer paso para convertirte en un verdadero líder.

¿Tienes claro que tu segunda prioridad al frente de tu colectivo es buscar conseguir la máxima eficiencia, y que jamás debes invertir el orden de estas dos condiciones? Si no es así, corres el riesgo de perfeccionar los *cómo*, a costa de perder de vista los *qué*, situación que no es aceptable para un verdadero líder.

¿Estás consciente de que para lograr un desempeño global óptimo es indispensable suboptimizar algunos de tus recursos? Si no lo estás, debes hacer un esfuerzo por aceptar que es imposible tener "cien" en todo, y que hay algunas cosas en las que es más importante ese "cien" que en otras: la meta de tu colectivo te resolverá este conflicto.

CONCLUSIÓN PERSONAL 3

¿Qué debo hacer de ahora en adelante para SIEMPRE anteponer la efectividad a la eficiencia y estar dispuesto a sacrificar resultados parciales con el fin de conseguir logros globales?

LECCIÓN 4

Las normas del trabajo colectivo

Un colectivo solo genera sinergia cuando su líder conoce
y atiende sus normas básicas de funcionamiento.

APRECIACIÓN PERSONAL

¿Promuevo al interior de mi colectivo la identidad, el equipamiento, el respeto, la comunicación, la sincronía, la solidaridad y el bien común?

a) Siempre *b)* Casi siempre *c)* A veces *d)* Rara vez *e)* Nunca

FUNDAMENTOS DE LA LECCIÓN

Las normas que facilitan el trabajo colectivo son siete:

1. *La identidad.* Todo colectivo debe definir una serie de valores que lo distingan de los demás y que lo hagan único. Esta *identidad* debe ser conocida por todos los miembros y debe tener manifestaciones concretas que se propaguen por todos los medios posibles, de tal manera que atraiga a personas con valores similares y aleje a individuos con valores opuestos.

2. *El equipamiento*. Todo colectivo debe contar con los elementos mínimos indispensables para llevar a cabo sus tareas; a esto se le conoce como *equipamiento* y debe considerar aspectos materiales, tecnológicos, financieros, humanos y de información.

3. *El respeto*. Todo colectivo debe manifestar un profundo *respeto* por su líder y por la dignidad de cada uno de sus miembros, lo que debe ir más allá de la simple obediencia o la evasión de conflictos.

4. *La comunicación*. Todo colectivo debe establecer canales que permitan un rápido flujo de información y que faciliten la toma de decisiones. Esta norma se denomina *comunicación* y para que sea efectiva debe darse en tres sentidos: hacia abajo con los colaboradores, hacia arriba con los superiores y hacia los lados con los pares.

5. *La sincronización*. Todo colectivo debe elegir un método dinámico de trabajo con base en las características de los recursos con los que cuenta. Esta *sincronización* debe especificar con claridad el espacio y el tiempo en que intervendrá cada uno de sus integrantes.

6. *La solidaridad*. Todo colectivo debe responder por cada uno de sus miembros, particularmente por los más débiles. La *solidaridad* permitirá mantener la unión del colectivo en las situaciones favorables y, principalmente, en las desfavorables.

7. *El bien común*. Todo colectivo debe comprender que el *bien común* siempre será más importante que el beneficio particular. La mejora del bien común siempre redundará en la del bien particular.

RETO PERSONAL 4

Reporta cuál de las siete normas expuestas es la más sólida en tu colectivo y cuál es la más endeble; menciona en cada caso la justificación de tu elección.

RECOMENDACIONES POSTERIORES AL RETO

Considera que las normas del trabajo colectivo son siete: identidad, equipamiento, respeto, comunicación, sincronización, solidaridad y bien común, la cuarta lección que debes dominar, y que tú puedes ser un mejor líder si revisas y reflexionas sobre las siguientes cuestiones:

¿Tiene tu colectivo una identidad definida que es conocida por todos los miembros? Si no la tiene, defínela; y si no es conocida por todos, comunícala cuanto antes.

¿Cuenta tu colectivo con todos los elementos materiales, tecnológicos, financieros, humanos y de información para llevar a cabo sus tareas? Sé que a veces es difícil satisfacer este punto al cien por ciento, pero al menos debemos procurar que no existan carencias graves que nos impidan alcanzar la meta.

¿Existe claridad en tu colectivo acerca de la importancia de mantener el respeto por el líder y por la dignidad de todos sus miembros? La manifestación más clara que puedes darle a tu colectivo consiste en tu actitud personal respecto a este tema. Recuerda: las palabras convencen, pero el ejemplo arrasa.

¿Tienes establecidos en tu colectivo canales de comunicación formales e informales que agilicen la toma de decisiones? Asegúrate de tener resuelto este tema, además de que todos los integrantes de tu colectivo lo comprendan a la perfección.

¿Posee tu colectivo un método dinámico de trabajo? Esto garantiza que las funciones se ejecuten con precisión en los tiempos y espacios convenidos, por lo que, si no cuentas con este método, tienes una labor importante que realizar cuanto antes.

¿Puedes identificar a los integrantes más débiles de tu colectivo y enumerar las iniciativas que tienen por objetivo compensar sus debilidades? Si no eres capaz de hacer ambas cosas, tendrás dificultades para mantener la cohesión del grupo en el mediano plazo, pues tarde o temprano, la cadena se romperá por el eslabón más débil y dejará de funcionar.

¿Estás consciente de que el bien común de tu colectivo siempre será más importante que el beneficio particular de cualquiera de sus integrantes? Si no lo estás, seguramente tomarás decisiones en las que, aunque tu intención sea ayudar a alguien, terminarán por revertirse en contra del conjunto.

CONCLUSIÓN PERSONAL 4

¿Qué debo hacer de ahora en adelante para SIEMPRE promover al interior de mi colectivo la identidad, el equipamiento, el respeto, la comunicación, la sincronía, la solidaridad y el bien común?

SECCIÓN 3

CONVERGENCIA: tercera dimensión del liderazgo
OBRA: *15 poderosas lecciones de liderazgo* (2019)

Introducción

Este es mi primer libro en el que utilizo la palabra *poderoso* en el título. Así lo amerita. Pongo en tus manos 15 poderosas lecciones que desarrollarán tu liderazgo de manera pronta, práctica y permanente, siempre y cuando atiendas las siguientes indicaciones:

1. Como desconozco el momento en el que harás la lectura, cada lección comienza con una frase de liderazgo para determinar si tu ánimo es el adecuado. Si la frase te hace sentido, sigue adelante. De otra manera posterga la lectura para una mejor ocasión.

2. Después de la frase encontrarás una "Apreciación personal". Se trata de una pregunta que debes contestar para ti mismo con toda honestidad. Tómate unos segundos, no más. Esta respuesta será nuestra referencia en cada lección y conviene que esté muy clara.

3. Enseguida aparecerán los "Fundamentos de la lección", un escrito breve y directo que contiene los conceptos relevantes del tema y que te recomiendo repasar cuantas veces sea necesario para asegurarte de que los comprendes a cabalidad.

4. Una vez que logres lo anterior será oportuno continuar con el "Reto personal". Esta es una parte medular de la lección en la que aplicarás de los referidos fundamentos a tu realidad cotidiana. Los retos son concisos, pero te resultarán muy relevadores.

5. Las "Recomendaciones posteriores al reto" te servirán para profundizar y afinar tu aprendizaje de los fundamentos de la lección a partir de la forma en la que resolviste el reto; te brindarán más elementos para aplicar de inmediato.

6. Cada lección finaliza con una "Conclusión personal" que debes elaborar con toda responsabilidad y conciencia, y con la certeza de que te será de mucha utilidad para continuar perfeccionando tu liderazgo de manera permanente.

7. Por último, es muy importante que avances a la siguiente lección únicamente cuando hayas terminado por completo la lección previa, con el fin de que logres el aprendizaje significativo que estamos buscando. Tómate tu tiempo y verás los resultados.

¡Ánimo y ACCIÓN!

JOSÉ MANUEL VEGA BÁEZ

Nota del autor: en esta sección solo abordaremos las seis lecciones que corresponden a la "Convergencia de los colaboradores".

Las fuentes del poder

*El poder, la fama y el dinero no cambian a un líder,
solo magnifican lo que ya era desde antes.*

APRECIACIÓN PERSONAL

¿Inspiro a mi colectivo con mi ejemplo, tanto en el plano laboral
como en el familiar y en el personal?

a) Siempre   *b)* Casi siempre   *c)* A veces   *d)* Rara vez   *e)* Nunca

FUNDAMENTOS DE LA LECCIÓN

El poder es la aptitud del líder para influir en el comportamiento
de los demás y tiene su origen en una o varias de las siguientes
ocho fuentes:

1. *Posición.* Se fundamenta en la designación para encabezar un grupo de personas. Es la fuente de poder más
   vulnerable de todas, puesto que se basa en la decisión
   de terceros. En un inicio está bien, pero pronto debe
   complementarse con alguna otra fuente para que se fortalezca.

2. *Postura.* Tiene su origen en la manera como una persona dice o hace las cosas, lo cual, en muchas ocasiones, es más importante que el contenido mismo. Sin embargo, esta fuente de poder se desvanece cuando quien la ejerce se siente presionado a respaldar sus dichos o sus hechos, y no cuenta con otra fuente que le brinde solidez.

3. *Premio.* Está determinado por la capacidad de otorgar estímulos a los miembros de un grupo, estímulos que pueden ser tanto positivos, es decir premios, como negativos, o sea, castigos. Esta fuente de poder es tan duradera como lo sea la posibilidad de seguir estimulando y la equidad con la que se lleve a cabo el proceso.

4. *Promesa.* Tiene su raíz en la capacidad de ofrecer estímulos futuros a los miembros de un grupo, los cuales pueden ser positivos, como recompensas, o negativos, como amenazas. Esta fuente de poder es proporcional a las expectativas o los temores de la gente, así como a la capacidad percibida de un eventual cumplimiento de la promesa.

5. *Persuasión.* Se genera en la capacidad de convencer a los demás. Al margen de la validez o veracidad de los argumentos en los que se base la persuasión, si se dispone de suficiente facilidad de palabra y tenacidad, se terminará por convencer a casi todo el mundo. Esta fuente de poder, utilizada de manera correcta, es prácticamente inagotable.

6. *Prestigio.* Se produce con el respaldo de conocimientos o experiencias que, ante los miembros de un grupo, son importantes. Es necesario señalar que si la gente no considera valiosos los antecedentes, el prestigio es nulo. Esta fuente de poder es muy útil en un inicio, pero si no se reafirma con la siguiente fuente, resulta contraproducente.

7. *Pericia.* Tiene su respaldo al demostrar con pensamientos, decisiones y acciones que se es el más capaz para conducir a un grupo. Esta fuente supera con mucho a las

anteriores y, mientras el líder continúe demostrando su aptitud, no habrá quien cuestione su poder.

8. *Persona misma.* Su fundamento se basa en la capacidad de cautivar de tal manera a los integrantes de un grupo que se les inspire a ser como uno. Esta es la fuente suprema de donde emana el poder más permanente; la aspiración que se pueda generar en otros para que quieran llegar a ser como uno, no tiene nada que se le compare.

RETO PERSONAL 5

Elabora un autodiagnóstico de las fuentes de poder que utilizas al frente de tu colectivo; identifica las fuentes que son tus fortalezas y las que constituyen tus debilidades.

RECOMENDACIONES POSTERIORES AL RETO

Ten presente que las fuentes del poder son ocho: posición, postura, premio, promesa, persuasión, prestigio, pericia y la persona misma, la quinta lección que debes dominar, y que tú puedes ser un mejor líder si revisas y reflexionas sobre las siguientes cuestiones:

¿Cuentas con un nombramiento formal para encabezar a tu colectivo? Si no lo tienes, tu situación es delicada, pero si lo posees, apenas es el primer paso de un largo camino.

¿Estás de acuerdo en que en muchas ocasiones la forma es más importante que el fondo de un asunto determinado? Si discrepas, con seguridad has dejado pasar la oportunidad de hacer valer el poder de la postura.

¿Tienes la capacidad de otorgarles premios y castigos a los integrantes de tu colectivo? Si no es así, debes negociar para adquirirla; te será de mucha ayuda.

¿Posees la capacidad de recompensar y amenazar a los miembros de tu colectivo? Si tu respuesta es negativa, estarás limitado. Pero si es afirmativa, debes tener mucho cuidado en no abusar de esta fuente de poder, ya que puede resultarte contraproducente a mediano plazo.

¿Es reconocida por tu colectivo tu capacidad de convencimiento? Si no lo es, significa que tienes una debilidad de persuasión que debes corregir a la brevedad.

¿Cuentas con un respaldo de conocimientos y experiencias que, a ojos de los integrantes de tu colectivo, son importantes? Si no lo tienes, tu prestigio es pobre y tu poder prácticamente nulo: rescata y comunica de inmediato tus antecedentes más relevantes.

¿Demuestras de manera frecuente con pensamientos, decisiones y acciones que eres la persona más apta de tu grupo para conducirlo? Si no lo haces, preocúpate en llevar a cabo demostraciones periódicas, te fortalecerán como pocas cosas.

¿Te consideras una persona digna de ser tomada en cuenta como modelo de referencia para tus colaboradores? Si dudas de ti mismo, ten la seguridad de que los demás también lo harán y, aun cuando no es fácil ser un ejemplo a seguir, el poder inspirador de la persona misma es lo más contundente que existe. ¡Arriésgate a probarlo!

CONCLUSIÓN PERSONAL 5

¿Qué debo hacer de ahora en adelante para SIEMPRE inspirar a mi colectivo con mi ejemplo, tanto en el plano laboral como en el familiar y en el personal?

LECCIÓN 6

Las categorías de la motivación

*Un líder bien motivado, al frente de un colectivo bien motivado,
es de pronóstico reservado.*

APRECIACIÓN PERSONAL

¿Motivo de manera continua, enseño a disfrutar el trabajo y señalo los beneficios que la actividad que realizamos les brinda a otras personas?

a) Siempre   *b)* Casi siempre   *c)* A veces   *d)* Rara vez   *e)* Nunca

FUNDAMENTOS DE LA LECCIÓN

Son tres las categorías de la motivación:

1. *Motivación externa.* Una persona puede dirigir su comportamiento cuando encuentra los elementos del medio que le sean de utilidad. En esta categoría la persona se conduce por conveniencia y la duración de la motivación depende de seguir recibiendo los estímulos.
2. *Motivación interna.* Una persona puede dirigir su comportamiento al encontrar los elementos que le produzcan

gozo. En esta categoría la persona se conduce por gusto y la duración de la motivación depende de seguir experimentando placer en lo que hace.

3. *Motivación trascendente.* Un persona puede dirigir su comportamiento al encontrar los elementos que le permitan beneficiar a terceros. En esta categoría la persona se conduce por convicción y la duración de la motivación depende de seguir siendo capaz de servir a otros. La motivación trascendente es la más difícil de encontrar, pero vale la pena buscarla porque es la que puede llevar más lejos, durante más tiempo y con mayor satisfacción.

RETO PERSONAL 6

Anota, con el mayor detalle que puedas, la manera en la que le comunicarías a tu colectivo la motivación trascendente de las actividades que realizan. Asegúrate de especificar cómo, cuándo y dónde les vas a compartir este importante mensaje.

RECOMENDACIONES POSTERIORES AL RETO

Ten presente que las categorías de la motivación son tres: externa, interna y trascendente, la sexta lección que debes dominar, y que tú puedes ser un mejor líder si revisas y reflexionas sobre las siguientes cuestiones:

¿Puedes identificar, para cada uno de los miembros de tu colectivo, los elementos que les producen utilidad y por los cuales se motivan de manera externa? Si no te es posible, observa con detenimiento su reacción a los estímulos que reciben.

¿Puedes identificar, para cada uno de los miembros de tu colectivo, los elementos que les producen gozo y por los cuales se motivan de manera interna? Si no te es posible, descubre las actividades que más disfrutan.

¿Puedes identificar, para cada uno de los miembros de tu colectivo, los elementos de su actividad que les permiten beneficiar a terceros y por los cuales pueden motivarse de manera trascendente? Esta pregunta primero debes responderla para ti mismo, con el fin de ser capaz de contestarla para cada integrante de tu equipo, pues sin duda su labor está englobada en el desempeño completo del que eres responsable. Una vez que tengas las respuestas, hay que trabajar en lograr un nivel de convicción grupal que les permita llegar más lejos, durante más tiempo y con mayor satisfacción.

CONCLUSIÓN PERSONAL 6

¿Qué debo hacer de ahora en adelante para SIEMPRE motivar de manera continua, enseñar a disfrutar el trabajo y señalar los beneficios que la actividad que realizamos les brinda a otras personas?

Los requisitos del logro

El mejor incentivo para reforzar el liderazgo es la satisfacción que brinda el deber cumplido.

APRECIACIÓN PERSONAL

¿Impulso la educación y capacitación continua, al mismo tiempo que animo e infundo seguridad a la gente señalándole su deber?

a) Siempre   *b)* Casi siempre   *c)* A veces   *d)* Rara vez   *e)* Nunca

FUNDAMENTOS DE LA LECCIÓN

Cuando necesitamos que las cosas sucedan o que los asuntos se resuelvan a través de la intervención de una persona, con mucha frecuencia pasamos por alto cuatro consideraciones que son indispensables en la fórmula para lograr lo que se pretende:

1. *Saber*. El primer requisito para que una persona logre una meta es que tenga la seguridad de saber hacerlo. Cualquier actividad necesita un conocimiento mínimo indispensable que se debe dominar, pues, de no hacerlo, se

fracasará en el intento. Sin embargo, aunque la persona sepa, si no puede o no quiere, jamás llegará a la meta.

2. *Poder.* El segundo requisito para que una persona logre una meta es que tenga la seguridad de poder hacerlo. De nuevo, cualquier actividad requiere que se posean determinadas capacidades físicas, emocionales, intelectuales, volitivas y espirituales que, si bien pueden desarrollarse, necesitan tener un valor mínimo. No obstante, aunque la persona sepa y pueda, si no quiere, tampoco alcanzará la meta.

3. *Querer.* El tercer requisito para que una persona logre una meta es que tenga la seguridad de querer hacerlo, es decir, que cuente con la motivación suficiente para llevar a cabo lo que la actividad demanda. Pero habrá ocasiones en las que, sabiendo, pudiendo y queriendo, la persona necesitará un último y definitivo impulso para llegar a la meta.

4. *Deber.* La manera de garantizar que una persona logre una meta es que tenga la seguridad de deber hacerlo, que esté convencida de que tiene que llegar a ella. Cuando este mandato es lo suficientemente claro y proviene de alguien que la persona valora y aprecia, sin duda hará lo que sea necesario para asegurarse de que sabe, puede y quiere hacerlo, por lo que con toda certeza alcanzará la meta.

RETO PERSONAL 7

Recuerda tu más reciente logro laboral sobresaliente. Analiza y anota el papel que desempeñaron tu saber, tu poder, tu querer y tu deber, de manera que procures lo mismo para que los integrantes de tu colectivo alcancen logros sobresalientes.

RECOMENDACIONES POSTERIORES AL RETO

Toma en cuenta que los requisitos del logro son cuatro: saber, poder, querer y deber, la séptima lección que debes dominar, y que tú puedes ser un mejor líder si revisas y reflexionas sobre las siguientes cuestiones:

¿Puedes afirmar que los integrantes de tu colectivo saben hacer las tareas que les corresponden? Si no te es posible, será necesario que los capacites.

¿Puedes asegurar que los integrantes de tu colectivo son capaces de hacer las tareas que les corresponden? Si tu respuesta es negativa, requieres revisar sus aptitudes.

¿Estás seguro de que los integrantes de tu colectivo quieren hacer las labores que les corresponden? Si no es así, debes trabajar en su motivación.

¿Tienen claro todos los integrantes de tu equipo cuál es su deber? Si lo desconocen, entonces gozas de una oportunidad para desarrollar una de las tareas más delicadas en tu papel de líder: infundirle seguridad a tu gente, señalándoles su deber.

CONCLUSIÓN PERSONAL 7

¿Qué debo hacer de ahora en adelante para SIEMPRE impulsar la educación y capacitación continua, al mismo tiempo que anime e infunda seguridad a la gente señalándole su deber?

Las reglas del estímulo

Un buen líder debe ser igualmente capaz de premiar
que de sancionar, según lo amerite la ocasión.

APRECIACIÓN PERSONAL

¿Premio o castigo, según sea el caso, con base en reglas claras, sin hacer excepciones, de manera proporcional e inmediata?

a) Siempre   *b)* Casi siempre   *c)* A veces   *d)* Rara vez   *e)* Nunca

FUNDAMENTOS DE LA LECCIÓN

Te recomiendo que pongas mucha atención en esta lección puesto que se trata de una de las de más rápida aplicación, y te será de mucha utilidad para otorgar premios o castigos a los integrantes de tu colectivo de la manera más efectiva. Son cuatro las reglas del estímulo:

1. *Conocido.* Al otorgar un premio o un castigo no debe haber sorpresas.
2. *General.* Al dar un premio o un castigo no debe haber excepciones.

3. *Proporcional.* El que consigue mucho debe recibir más premio que el que obtiene poco, al igual que el que se equivoca mucho debe recibir más castigo que el que comete menos errores.

4. *Inmediato.* Para brindar el premio o aplicar el castigo no debe haber demoras.

Estas reglas son muy sencillas de recordar si las asocias con la mano y el fuego:

1. Todos sabemos que si acercamos la mano al fuego nos vamos a quemar.
2. Sin excepción, ni distinciones, quien acerca la mano al fuego se quema.
3. Si acercamos mucho la mano al fuego nos quemamos más que si la acercamos poco.
4. Al acercar la mano al fuego, ¡nos quemamos al instante!

RETO PERSONAL 8

Describe los dos estímulos positivos y los dos estímulos negativos más poderosos que tienes a tu alcance para aplicar a los integrantes de tu colectivo, y relata para cada uno de aquellos cómo y cuándo fue la ocasión más reciente en que los aplicaste. A continuación, anota un estímulo positivo y un estímulo negativo que te serviría poder aplicar, pero que de momento no posees la capacidad de hacerlo, y también qué necesitarías gestionar para conseguirlo.

RECOMENDACIONES POSTERIORES AL RETO

Considera que las reglas del estímulo son cuatro: conocido, general, proporcional e inmediato, la octava lección que debes dominar, y que tú puedes ser un mejor líder si revisas y reflexionas sobre las siguientes cuestiones:

¿Los estímulos (premios y castigos) que estás facultado para otorgar son conocidos por los miembros de tu colectivo? Si no es así, debes comunicárselos claramente, de manera que no haya posibilidad de que en algún momento te digan que ellos no sabían.

Siempre que un comportamiento lo amerita, ¿das el premio o aplicas el castigo, independientemente de la persona? Si no ocurre de esta manera, estás haciendo excepciones que darán al traste con la equidad en tu colectivo.

¿El sistema de estímulos que manejas contempla niveles diferenciados de premios y castigos en función de las posibles actuaciones? Si no los contempla, se trata de un sistema plano que perderá su efectividad en el mediano plazo.

¿Procuras premiar o castigar a los integrantes de tu colectivo lo más rápido posible después de que se ha presentado el comportamiento que lo amerite? Si no lo haces, tus estímulos perderán la fuerza del momento y les llegarán con poco impacto.

CONCLUSIÓN PERSONAL 8

¿Qué debo hacer de ahora en adelante para SIEMPRE premiar o castigar, según sea el caso, con base en reglas claras, sin hacer excepciones, de manera proporcional y de forma inmediata?

Las características de las decisiones del líder

El ejercicio del liderazgo conlleva el ineludible riesgo de tomar decisiones: experimentar el vértigo de la libertad.

APRECIACIÓN PERSONAL

¿Decido con acierto y oportunidad con base en las metas definidas?, ¿respondo por mis decisiones y tengo grandes miras?

a) Siempre   *b)* Casi siempre   *c)* A veces   *d)* Rara vez   *e)* Nunca

FUNDAMENTOS DE LA LECCIÓN

Decidir es experimentar el vértigo de la libertad. El acierto y la oportunidad son los dos atributos indispensables que toda decisión debe pretender. A pesar de que todos tomamos diversas decisiones cada día, el líder debe estar consciente de que estas afectarán a una colectividad, por lo tanto, siempre debe tener en cuenta las cuatro particularidades de sus decisiones:

1. *Obligatoriedad.* El líder siempre tiene que decidir. Con independencia del método utilizado, que puede ser más o menos participativo según el caso, debe seleccionar

una de las alternativas posibles. No puede esperar a que otros decidan por él, ni tampoco puede aguardar a que las circunstancias lo hagan. Siempre es preferible fallar por error que por omisión, es decir, que el líder puede equivocarse, pero nunca faltar a su deber de decidir.

2. *Responsabilidad.* El líder siempre es el último responsable de la decisión. Sin importar el método utilizado para seleccionar la alternativa, una vez tomada la decisión debe responder completamente por ella: si falla, deberá sufrir el fracaso, de la misma manera que si acierta, tendrá todo el derecho a disfrutar el éxito. No hay más, decidir es un acto de compromiso y todo compromiso trae consigo consecuencias.

3. *Finalidad.* El líder siempre tiene que decidir con base en la meta. La alternativa seleccionada, más allá de los gustos e intereses personales del líder o de los miembros del colectivo, debe ser aquella que brinde la mayor probabilidad de lograr el cumplimiento de la meta. En algunas ocasiones, el deber de decidir no es grato, porque pueden afectarse intereses o gustos particulares; sin embargo, jamás hay que perder de vista que el bien común siempre será más importante que el bien individual.

4. *Alcance.* Las decisiones del líder siempre deben contener más amplitud de espacio, más horizonte de tiempo y más consideración del entorno, que las de cualquiera de las personas de su colectivo. Él debe ser un individuo de grandes miras, o al menos mayores a las del promedio del grupo que dirige, no importa si está al frente de una familia, de un equipo deportivo, de una empresa o de una nación entera.

RETO PERSONAL 9

Recuerda una de las decisiones recientes más importantes que tomaste. Analiza y anota sus cuatro características: obligatoriedad, responsabilidad, finalidad y alcance. ¿Qué puedes aprender de esta experiencia? ¿Cómo podrías tomar mejores decisiones en el futuro?

RECOMENDACIONES POSTERIORES AL RETO

Ten presente que las características de las decisiones del líder son cuatro: obligatoriedad, responsabilidad, finalidad y alcance, la novena lección que debes dominar, y que tú puedes ser un mejor líder si revisas y reflexionas sobre las siguientes cuestiones:

¿Estás consciente de que, para ti como líder, el acto de decidir es una obligación? Si no lo estás, entonces se creará un vacío que de inmediato será llenado por quien sí se arriesgue a experimentar el "vértigo de la libertad".

¿Te queda claro que, una vez tomada una decisión, tú eres el último responsable de ella? Si no es así, significa que estás desempeñando tu papel a la ligera y que debes rectificar antes de que sea demasiado tarde.

¿Estás convencido de que tus decisiones deben ir más allá de los gustos e intereses personales, buscando siempre el bien común? Si la respuesta es no, de seguro sufrirás la crítica y el desprestigio que conllevan las decisiones en las que se aprecia un claro favoritismo.

¿Antes de tomar una decisión, te aseguras de que has considerado suficiente espacio, suficiente tiempo y un suficiente entorno, de manera que no te vayas a quedar corto de miras? Si no lo haces, adquiere de inmediato el hábito de preguntarte sobre estas tres dimensiones (espacio, tiempo y entorno) antes de decidir.

CONCLUSIÓN PERSONAL 9

¿Qué debo hacer de ahora en adelante para SIEMPRE decidir con acierto y oportunidad con base en las metas definidas, para responder por mis decisiones y tener grandes miras?

LECCIÓN 10

Los factores que determinan
el estilo de liderazgo

*Cada individuo debe encontrar un estilo de liderazgo propio
que le permita ser completamente auténtico.*

APRECIACIÓN PERSONAL

¿Ejerzo un estilo de liderazgo conforme a mi personalidad, a los
miembros de mi colectivo y a las actividades que realizamos?

a) Siempre   *b)* Casi siempre   *c)* A veces   *d)* Rara vez   *e)* Nunca

FUNDAMENTOS DE LA LECCIÓN

El estilo de liderazgo es único e irrepetible, como el líder mismo,
y depende de tres factores principales:

1. *La naturaleza de la actividad.* El estilo de liderazgo debe
   estar acorde con la operación que se desarrolle.
2. *La naturaleza de los integrantes.* El estilo de liderazgo
   debe concordar con el tipo de personas que integran el
   colectivo.
3. *La naturaleza del líder.* El estilo de liderazgo debe coin-
   cidir con las características del líder ya que es un rasgo

propio que difícilmente podrá cambiarse, aunque es perfectible. Cada persona debe descubrir el estilo de liderazgo con el que se sienta más cómoda y auténtica en cada situación.

RETO PERSONAL 10

Describe tu estilo de liderazgo en un máximo de 100 palabras. Enseguida analiza si en lo que escribiste se reflejan las tres naturalezas mencionadas y determina si es necesario hacer algunos cambios a futuro.

RECOMENDACIONES POSTERIORES AL RETO

Ten presente que los factores que determinan el estilo de liderazgo son tres: la naturaleza de la actividad, la naturaleza de los integrantes y la naturaleza del líder, la décima lección que debes dominar, y que tú puedes ser un mejor líder si revisas y reflexionas sobre las siguientes cuestiones:

¿Tu estilo de liderazgo se ajusta a las actividades que encabezas y eres capaz de adaptarlo cuando cambian sustancialmente? Si no lo estás haciendo de esta manera tu eficiencia y la de tu colectivo corren peligro.

¿Tu estilo de liderazgo se adapta a los integrantes del colectivo que encabezas y eres capaz de ajustarlo cuando surgen cambios importantes? Si la respuesta es no, tu efectividad y la de tu colectivo están en riesgo.

¿Ya descubriste el estilo personal de liderazgo que te brinda más autenticidad? Si no lo has hecho, trabaja de inmediato en este asunto, antes de que cometas alguna inconsistencia por estar utilizando un estilo que no va acorde contigo.

CONCLUSIÓN PERSONAL 10

¿Qué debo hacer de ahora en adelante para SIEMPRE ejercer un estilo de liderazgo conforme a mi personalidad, a los miembros de mi colectivo y a las actividades que realizamos?

SECCIÓN 4

CONGRUENCIA: cuarta dimensión del liderazgo

OBRA: *15 poderosas lecciones de liderazgo* (2019)

Introducción

Este es mi primer libro en el que utilizo la palabra *poderoso* en el título. Así lo amerita. Pongo en tus manos 15 poderosas lecciones que desarrollarán tu liderazgo de manera pronta, práctica y permanente, siempre y cuando atiendas las siguientes indicaciones:

1. Como desconozco el momento en el que harás la lectura, cada lección comienza con una frase de liderazgo para determinar si tu ánimo es el adecuado. Si la frase te hace sentido, sigue adelante. De otra manera posterga la lectura para una mejor ocasión.

2. Después de la frase encontrarás una "Apreciación personal". Se trata de una pregunta que debes contestar para ti mismo con toda honestidad. Tómate unos segundos, no más. Esta respuesta será nuestra referencia en cada lección y conviene que esté muy clara.

3. Enseguida aparecerán los "Fundamentos de la lección", un escrito breve y directo que contiene los conceptos relevantes del tema y que te recomiendo repasar cuantas veces sea necesario para asegurarte de que los comprendes a cabalidad.

4. Una vez que logres lo anterior será oportuno continuar con el "Reto personal". Esta es una parte medular de la lección en la que aplicarás de los referidos fundamentos a tu realidad cotidiana. Los retos son concisos, pero te resultarán muy relevadores.

5. Las "Recomendaciones posteriores al reto" te servirán para profundizar y afinar tu aprendizaje de los fundamentos de la lección a partir de la forma en la que resolviste el reto; te brindarán más elementos para aplicar de inmediato.

6. Cada lección finaliza con una "Conclusión personal" que debes elaborar con toda responsabilidad y conciencia, y con la certeza de que te será de mucha utilidad para continuar perfeccionando tu liderazgo de manera permanente.

7. Por último, es muy importante que avances a la siguiente lección únicamente cuando hayas terminado por completo con la lección previa, con el fin de que logres el aprendizaje significativo que estamos buscando. Tómate tu tiempo y verás los resultados.

¡Ánimo y ACCIÓN!

JOSÉ MANUEL VEGA BÁEZ

Nota del autor: en esta sección solo abordaremos las cinco lecciones que corresponden a la "Congruencia personal".

LECCIÓN 11

Las habilidades del líder

*Un buen líder no es el que no tiene problemas, es el que posee
las habilidades para resolverlos.*

APRECIACIÓN PERSONAL

¿Tengo un amplio conocimiento de mi trabajo, entiendo el comportamiento de la gente y ubico a las personas adecuadas en las funciones correctas?

a) Siempre   *b)* Casi siempre   *c)* A veces   *d)* Rara vez   *e)* Nunca

FUNDAMENTOS DE LA LECCIÓN

Una habilidad es la sabiduría y la destreza que se tiene sobre alguna materia, y cualquier persona puede desarrollarlas porque todos podemos ser más sabios si aprendemos y más diestros si practicamos. Para cualquier función que desarrollemos existen tres categorías de habilidades:

1. *Habilidad con los objetos.* Es la combinación de teoría y práctica que se requiere para conocer el funcionamiento y poder manejar con destreza las cosas, los métodos y

los procedimientos propios de un campo de especialidad. Esta habilidad es particular y normalmente no es posible trasladarla a otra área de aplicación.

2. *Habilidad con los sujetos.* Es la mezcla de teoría y práctica que se requiere para entender el comportamiento de las personas y poderlas conducir de manera adecuada. Esta habilidad es general y normalmente es posible trasladarla a otro campo de aplicación.

3. *Habilidad con las relaciones entre objetos y sujetos.* Es la conjunción de teoría y práctica que se requiere para comprender la interdependencia que existe entre los elementos que forman parte de un todo y poderlos combinar correctamente. Esta habilidad es tanto general como particular y, con el debido cuidado, es posible trasladarla a otro campo de aplicación.

RETO PERSONAL 11

En una escala del 1 al 10, ¿qué calificación le asignarías a tu habilidad con los objetos? ¿Y en tu habilidad con los sujetos? Multiplica esos dos números, y al dividirlos entre 10, el resultado será la máxima calificación que podrías alcanzar en la habilidad con las relaciones entre objetos y sujetos. ¿Qué piensas al respecto?

RECOMENDACIONES POSTERIORES AL RETO

Ten presente que las habilidades del líder son tres: habilidad técnica, habilidad humanística y habilidad conceptual, la decimoprimera lección que debes dominar, y que tú puedes ser un mejor líder si revisas y reflexionas sobre las siguientes cuestiones:

¿Tienes los suficientes conocimientos y la experiencia relación con los objetos, los métodos y los procedimientos propios del campo de especialidad del colectivo que encabezas? Si la respuesta es no, careces de pericia y estás en desventaja frente a algunos integrantes de tu equipo, por lo que debes aprender y practicar lo más que puedas al respecto.

¿Posees la habilidad para entender el comportamiento de las personas y poder conducirlas de manera adecuada? Debes contar con un mínimo de dicha destreza para ocupar el puesto en el que te encuentras, y tu iniciativa de leer a conciencia este material habla muy bien de tu inquietud por desarrollarte en este campo. ¡Felicidades!

¿Tienes la habilidad para comprender la interdependencia que existe entre los elementos que forman parte de un todo y poderlos combinar de manera correcta? De nuevo y con toda certeza requieres para ello un mínimo de esta capacidad. Y estoy seguro de que también el presente material contribuye a tu superación en ese aspecto. De cualquier manera, te sugiero que adquieras el hábito de tomar altura para contemplar el bosque completo y no te conformes solo con la observación de algunos de sus árboles.

CONCLUSIÓN PERSONAL 11

¿Qué debo hacer de ahora en adelante para SIEMPRE tener un amplio conocimiento de mi trabajo, entender el comportamiento de la gente y ubicar a las personas adecuadas en las funciones correctas?

LECCIÓN 12

Los valores del líder

Todo liderazgo contiene el matiz valoral
de quien lo ejerce.

APRECIACIÓN PERSONAL

¿Actúo de manera práctica, considero la verdad, la bondad y la belleza de las cosas, y busco de manera continua mi perfeccionamiento personal?

a) Siempre   *b)* Casi siempre   *c)* A veces   *d)* Rara vez   *e)* Nunca

FUNDAMENTOS DE LA LECCIÓN

De las 15 lecciones de este libro, 12 pueden ser cumplidas a la perfección por cualquier líder "técnicamente" capaz, pero hay tres lecciones que marcan la diferencia cualitativa con un líder integral: los valores, las virtudes y la visión (hay que notar que las tres comienzan con "v").

Y que no se me malinterprete: no he afirmado que ser un líder "técnicamente" capaz sea sencillo, al contrario, reconozco que a lo largo de la historia muchos grandes personajes han sido excelentes dirigentes "técnicamente" capaces. El meollo del asunto radica en que lo "técnicamente" correcto es cualitativamente inferior a las más elevadas aspiraciones humanas. Por lo pronto, el análisis de los valores del líder comenzará a darnos luz en este camino:

1. *El valor de lo práctico.* Es la disciplina con la que se hace todo lo necesario para alcanzar las metas; evita distraer la atención en asuntos secundarios.
2. *El valor de la verdad.* Es la búsqueda de lo cierto, de lo real; aquello que permite al individuo tener mayor conocimiento y lo faculta para tomar mejores decisiones.
3. *El valor de la belleza.* Es la búsqueda de lo agradable a los sentidos, aquello que le permite al individuo apreciar y disfrutar lo que le rodea.
4. *El valor de la bondad.* Es la búsqueda del bien, aquello que le permite al individuo dar lo mejor de sí mismo en beneficio de los demás.
5. *El valor de lo eterno.* Es la búsqueda de lo inmortal, aquello que permite al individuo adquirir conciencia de su limitación espacio-temporal, reconocer su estatura real dentro del universo y, al mismo tiempo, buscar su propio perfeccionamiento para tratar de alcanzar la verdad, la belleza y la bondad absolutas.

RETO PERSONAL 12

Revisa tu agenda de la última semana completa e identifica en cada día laborable la actividad más importante que realizaste; luego determina si utilizaste cada uno de los cinco tipos de valores: la practicidad, la verdad, la bondad, la belleza y la eternidad. Haz una tabla cuyos renglones sean las actividades y las columnas los valores, y rellena con diferente color tanto las celdas positivas (en las que sí utilizaste el valor correspondiente) como las celdas negativas (en las que no aplicaste el valor pertinente). Anota tu balance final y alguna conclusión al respecto.

RECOMENDACIONES POSTERIORES AL RETO

Ten presente que los valores del líder son cinco: la practicidad, la verdad, la bondad, la belleza y la eternidad, la decimosegunda lección que debes dominar, y que tú puedes ser un mejor líder si revisas y reflexionas sobre las siguientes cuestiones:

¿Eres lo suficientemente disciplinado para enfocar tu atención una vez que te has fijado una meta? Si no lo eres, no solo tendrás problemas en alcanzar tus metas, sino que serás poco efectivo al tratar de dirigir a tu colectivo para que consiga las suyas. Haz un esfuerzo para establecer tus prioridades y concéntrate en trabajar de manera dedicada en ellas hasta que las termines.

¿Tienes por costumbre investigar por tu cuenta de modo que logres integrar más información para tomar mejores decisiones? Si no es así, entonces estás decidiendo exclusivamente por lo que otros te dicen; te pierdes la oportunidad de complementar el conocimiento del caso y, tarde o temprano, lo pagarás con una decisión inapropiada.

¿Es la estética algo que tenga un significado profundo para ti? Si no lo es, estás dejando de disfrutar mientras vives. Tal vez eres pragmático y persigues la verdad por conveniencia, pero si no aprendes a apreciar la belleza de las cosas, jamás alcanzarás la plenitud humana.

¿Es la ética algo que posea un significado profundo para ti? Si no lo es, tu capacidad de tomar decisiones y realizar acciones que busquen el beneficio colectivo es muy pobre. Toma en cuenta que las mejores decisiones se asumen al pensar en los demás. Si ya tienes hijos, estarás de acuerdo conmigo en que la vida adquiere una nueva dimensión y sabrás de qué hablo.

¿Te reconoces como un ser limitado, pero al mismo tiempo aspiras a tu propio perfeccionamiento? Entonces vas por el camino correcto y los retos te ayudarán en tu proceso de crecimiento humano.

CONCLUSIÓN PERSONAL 12

¿Qué debo hacer de ahora en adelante para SIEMPRE actuar de manera práctica, considerar la verdad, la bondad y la belleza de las cosas, y buscar de manera continua mi perfeccionamiento personal?

Las virtudes del líder

Un líder se vuelve extraordinario cuando desarrolla
sus virtudes de manera extraordinaria.

APRECIACIÓN PERSONAL

¿Soy moderado y mesurado, firme y perseverante, ecuánime y sensato, imparcial y equitativo?

a) Siempre   *b)* Casi siempre   *c)* A veces   *d)* Rara vez   *e)* Nunca

FUNDAMENTOS DE LA LECCIÓN

Una virtud es un hábito adquirido que facilita la buena conducta en el ámbito moral. Debe observarse una continuidad ya que un solo acto moral no forma virtud. Todas las virtudes que puedan ser enunciadas se reducen a cuatro que son conocidas como virtudes cardinales:

1. *Templanza.* Se refiere al hábito que hace posible un uso sobrio de los bienes agradables. En palabras de Demócrito: "La fortuna nos procura la mesa suntuosa, la templanza la mesa en la que nada falta".

2. *Fortaleza*. Es la perseverancia para conseguir los bienes difíciles de alcanzar. En palabras de Aristóteles: "El justo medio entre el miedo y la temeridad".

3. *Prudencia*. Se trata del hábito de discernimiento del bien y de los medios para llevarlo a cabo. En palabras de Aristóteles: "El hábito que concierne a lo que es bueno o malo para el hombre".

4. *Justicia*. Es el hábito de dar a cada uno lo que le corresponde. En palabras de Aristóteles: "Es la virtud completa y perfecta; completa por comprender a todas las demás y perfecta porque el que la posee puede servirse de ella no solo en relación consigo mismo, sino también en relación con los demás".

RETO PERSONAL 13

Para cada una de las cuatro virtudes, menciona un ejemplo reciente de tu labor en donde hayas conseguido un resultado positivo por usar la virtud en cuestión. Enseguida, también para cada una de las cuatro virtudes, menciona un ejemplo reciente de tu labor en el que el resultado haya sido negativo por no usar la virtud en cuestión. ¿Qué te parece?

RECOMENDACIONES POSTERIORES AL RETO

Ten presente que las virtudes del líder son cuatro: la templanza, la fortaleza, la prudencia y la justicia, la decimotercera lección que debes dominar, y que tú puedes ser un mejor líder si revisas y reflexionas sobre las siguientes cuestiones:

¿Es la sobriedad un rasgo que te caracteriza? Si no lo es, necesitas trabajar arduamente en este hábito, pues de otra manera el poder que te confiere tu liderazgo puede conducirte a excesos perjudiciales para ti y para tu colectivo.

¿Son capaces las personas que han compartido contigo situaciones difíciles de confirmar tu robustez y tu perseverancia? Si cuentas con esta cualidad sin duda posees una buena parte del camino ganado, ya que la fortaleza es uno de los atributos del líder que son más apreciados por los integrantes de un colectivo.

¿Crees que tu equipo podría afirmar que eres una persona madura y ecuánime? Si tienes dudas al respecto significa que de seguro has dejado la prudencia de lado en más de una ocasión, por lo que te recomiendo que, a partir de ahora, hagas un esfuerzo por mantener esta virtud siempre junto a ti; verás los resultados en corto tiempo.

¿Estás seguro de que los miembros de tu colectivo te consideran una persona equitativa y recta? Como ya lo mencionamos, la justicia es considerada como la virtud completa y perfecta, de modo que tu capacidad para tratar con equidad a los integrantes de tu agrupación será una de las mejores armas con las que cuentes en el ejercicio de tu liderazgo, al mismo tiempo que su ausencia te será implacablemente perjudicial.

CONCLUSIÓN PERSONAL 13

¿Qué debo hacer de ahora en adelante para SIEMPRE ser moderado y mesurado, firme y perseverante, ecuánime y sensato, imparcial y equitativo?

LECCIÓN 14

Los requisitos del pensamiento del líder

El desempeño de un colectivo comienza a determinarse en el pensamiento de su líder.

APRECIACIÓN PERSONAL

¿Pienso de manera proactiva, genero ideas innovadoras y tomo en cuenta todos los ángulos de una situación?

a) Siempre   *b)* Casi siempre   *c)* A veces   *d)* Rara vez   *e)* Nunca

FUNDAMENTOS DE LA LECCIÓN

El pensamiento es la actividad de la mente a través de la cual se logra el entendimiento de algo, por un medio distinto a la sensibilidad y a la práctica. En el caso del líder, esta actividad mental debe cumplir con tres requisitos:

1. *Proactivo.* Significa que el líder debe ser capaz de prever en sus decisiones y anticiparse con sus acciones a los eventos propios de su área de influencia. El pensamiento proactivo tiene lugar antes de que se presenten los problemas y genera soluciones adelantadas. Es cualitativa-

mente superior al pensamiento activo, que se da al parejo de los problemas, y al pensamiento reactivo, que ocurre después de que surgen las dificultades.

2. *Creativo.* Quiere decir que el líder debe ser capaz de generar ideas originales relativas a su área de influencia. El pensamiento creativo genera conceptos innovadores y es cualitativamente superior al pensamiento constructivo, que crea nociones útiles, y al pensamiento destructivo, que echa abajo las ideas ajenas.

3. *Transdisciplinario.* Supone que el líder debe ser capaz de manejar las situaciones problemáticas complejas que se presenten en su área de influencia. El pensamiento transdisciplinario genera soluciones integrales y es cualitativamente superior al pensamiento monodisciplinario, multidisciplinario e interdisciplinario.

RETO PERSONAL 14

Reporta detalladamente un ejemplo de tu actividad cotidiana en el que: *a)* describas la presencia de una frontera disciplinar (una actividad, una función o un proceso en donde convergen dos o más disciplinas); *b)* propongas la manera de eliminarla, y *c)* menciones los beneficios concretos que se obtendrían al eliminar esa frontera.

RECOMENDACIONES POSTERIORES AL RETO

Ten presente que los requisitos del pensamiento del líder son tres: la proactividad, la creatividad y la transdisciplinariedad, la décima cuarta lección que debes dominar, y que tú puedes ser un mejor líder si revisas y reflexionas sobre las siguientes cuestiones:

¿Cómo sueles enfrentarte a los problemas en la actividad que desarrollas?

* Reaccionando de inmediato después de que se han presentado.
* Actuando al parejo de los mismos.
* Previendo y anticipándote.

¿Cómo sueles responder ante los problemas en la actividad que desarrollas?

* Echando abajo las ideas ajenas que buscan una solución.
* Creando nociones útiles y prácticas.
* Generando ideas originales.

¿Cómo sueles abordar los problemas en la actividad que desarrollas?

* Usando una disciplina específica.
* Utilizando dos o más disciplinas, según se requiera.
* Buscando la reciprocidad de intercambio entre varias disciplinas pertinentes.
* Atacando cada tipo de problema con una "supradisciplina" particularmente original.

CONCLUSIÓN PERSONAL 14

¿Qué debo hacer de ahora en adelante para SIEMPRE pensar de manera proactiva, generar ideas innovadoras y tomar en cuenta todos los ángulos de una situación?

LECCIÓN 15

La visión del líder

El dominio de las técnicas de liderazgo es socialmente conveniente solo cuando la visión del líder persigue el bien común.

APRECIACIÓN PERSONAL

¿Poseo una visión realista, humanista y trascendente, pues considero al mundo, a las personas y a un plano superior?

a) Siempre   *b)* Casi siempre   *c)* A veces   *d)* Rara vez   *e)* Nunca

FUNDAMENTOS DE LA LECCIÓN

La visión es la concepción personal de la existencia misma. Todas las personas tienen la suya, pero en el líder tiene un papel fundamental por dos razones:

1. *Determina el contenido, la calidad y el alcance de la meta.* Si el líder es responsable de la fijación de la meta, su visión es decisiva para conformar al colectivo, mas si solo es responsable del cumplimiento de dicha meta, su visión es decisiva para conducir al colectivo.

2. *Constituye el núcleo que integra al resto de las lecciones y les brinda jerarquía.* Todos los temas abordados a lo largo de esta obra son indispensables para el ejercicio del liderazgo, a pesar de que algunos gocen de mayor difusión y popularidad que otros. Sin embargo, la importancia relativa que adquieren en manos de cualquier individuo depende por completo de la visión que este tenga; de ahí que podamos identificar grandes dirigentes que no han conducido a su gente a buenos propósitos. Una visión integral consta de tres dimensiones:

1) *Una clara noción del mundo que permita siempre tener los pies sobre la tierra.* Cualquier decisión tomada sin considerar al mundo, bien podría ser llamada utópica y estaría incompleta.

2) *Una clara noción del ser humano que permita siempre brindarle la mano a nuestros semejantes.* Cualquier decisión tomada sin considerar al ser humano, bien podría ser llamada inhumana y también estaría incompleta.

3) *Una clara noción de un plano superior que permita voltear la mirada al cielo y siempre aspirar a la plenitud.* Cualquier decisión tomada sin considerar un plano superior, bien podría ser llamada atea y, de nuevo, estaría incompleta.

RETO PERSONAL 15

Anota la decisión más importante que hayas tomado para tu colectivo durante el último mes y analiza si consideró las tres dimensiones expuestas.

RECOMENDACIONES POSTERIORES AL RETO

Ten presente que la visión es determinante en la actuación de un líder, la decimoquinta lección que debes dominar, y que tú puedes ser un mejor líder si en la decisión que anotaste arriba revisas y reflexionas sobre las siguientes cuestiones:

¿Qué tanto estuvo incorporada en esa decisión una clara noción del mundo? En otras palabras, ¿consideraste todos los objetos, sistemas y procedimientos involucrados?

¿Qué tanto estuvo integrada en esa decisión una clara noción del ser humano? Es decir, ¿consideraste a todas las personas que participarían en la instrumentación y, sobre todo, a las que resultarían afectadas con tu decisión?

¿Qué tanto estuvo incorporada en esa decisión una clara noción de un plano superior? O sea que, ¿consideraste tu estatura real dentro del universo, pero al mismo tiempo buscaste tu propio perfeccionamiento y el de los que te rodean, a la luz de aspiraciones capaces de trascender en el espacio y en el tiempo?

CONCLUSIÓN PERSONAL 15

¿Qué debo hacer de ahora en adelante para SIEMPRE poseer una visión realista, humanista y trascendente, considerando al mundo, a las personas y a un plano superior?

Conclusión

¡Te felicito por finalizar las 15 poderosas lecciones de liderazgo!

Si seguiste al pie de la letra las indicaciones, debiste mejorar de manera significativa tu liderazgo y con ello no solo tú resultas beneficiado, sino también tu colectivo y el entorno en el que se desempeñan, lo cual representa también un avance global.

Como todo buen final, este es un nuevo principio a partir del cual tienes una mayor responsabilidad, ya que ahora eres mucho más consciente de todo lo que implica el correcto ejercicio del liderazgo y difícilmente podrás ignorarlo.

Te recomiendo que recuperes al menos cada seis meses tus "Conclusiones personales" para que puedas realizar la evaluación de lo que has avanzado y de lo que te falta por avanzar, pues ya te diste cuenta de que entraste en un camino que no tiene término.

También te aconsejo que cada vez que asumas una nueva posición o que encabeces un nuevo colectivo, resuelvas de nueva cuenta estas 15 poderosas lecciones, que siempre operarán a tu favor sin importar las circunstancias a las que te enfrentes.

Espero que muy pronto volvamos a encontrarnos.

¡Ánimo y ACCIÓN!

JOSÉ MANUEL VEGA BÁEZ

SECCIÓN 5

SOSTENIBILIDAD: quinta dimensión del liderazgo
OBRA: *Liderazgo sobresaliente* (2018)

Prólogo

Como a los líderes se les exige un desempeño sobresaliente, el enfoque de las métricas para juzgarlos y de la mayoría de los entrenamientos para prepararlos se concentra en los resultados.

Esta visión es defectuosa, sobre todo en lo referente a la manera de formarlos, pues quedan desatendidos otros elementos de los cuales dependen los resultados que se esperan de ellos.

Conviene entonces aproximarnos al ejercicio del liderazgo a través de una óptica de sistemas, en donde consideremos entradas, procesos, salidas (resultados) y retroalimentación.

La lógica de esta perspectiva radica en la naturaleza misma: para cosechar los mejores frutos es necesario poner la primera atención en la semilla, la tierra, el agua, la luz, el abono, etcétera.

En otras palabras, así como un fruto no puede ser mejor que los insumos que le dieron origen, los resultados de un líder tampoco podrán ser superiores, en primer lugar, a su percepción (*input*).

El líder obtiene resultados por medio de sus decisiones, basadas en sus razonamientos, respaldadas por sus aprendizajes y fundamentadas en sus percepciones.

Si la percepción (*input*) de un líder es incorrecta, incompleta o inoportuna, sus resultados (*output*) serán incorrectos, incompletos o inoportunos; menguará su desempeño y el de su colectivo.

Por tanto, nuestro punto de partida será el análisis de siete elementos (sentidos) de percepción (*input*) esenciales en el ejercicio del liderazgo y la manera de fortalecer cada uno.

Comencemos pues una travesía sistémica que nos revele la pauta para lograr resultados superiores y sostenibles en nuestro entorno más cercano a través de un liderazgo sobresaliente.

¡Ánimo y ACCIÓN!

JOSÉ MANUEL VEGA BÁEZ

CAPÍTULO 1

Sentido de responsabilidad

1.1. EL LÍDER ES EL PRIMER Y ÚLTIMO RESPONSABLE DEL PROYECTO QUE ENCABEZA

Líder es la persona que guía a una colectividad en la conquista de un sueño compartido. Y ese sueño, sin importar si es propio o apropiado, será su proyecto y, por tanto, su responsabilidad.

La responsabilidad del líder con ese proyecto comienza desde el momento de su formulación, o de su nombramiento, y solo debe terminar con el fin del ciclo del líder o del proyecto.

No hay más. Un líder que renuncia a su responsabilidad en su proyecto es como un capitán que abandona su embarcación: ambos merecen la más severa condena.

De ahí que la decisión del nombramiento para una posición de liderazgo no deba ser tomada a la ligera, ni por quienes la estarán otorgando, ni por quienes la estarán recibiendo.

Y si bien de inicio ambas partes asumen una carga compartida, en cuanto el proyecto tenga su líder este debe ser completamente responsable de su destino.

Fortalece tu *sentido de responsabilidad* contestando con plena honestidad las siguientes preguntas:

1. ¿Desde cuándo eres responsable de tu proyecto?
2. ¿Cómo comenzó todo?
3. ¿Actualmente estás con más entusiasmo que entonces? ¿Por qué?
4. Si no es así, ¿qué harás al respecto?

1.2. LA RESPONSABILIDAD MÁS IMPORTANTE QUE DEBE ASUMIR UN LÍDER ES EL CUMPLIMIENTO DE LA META

Esta es la primera dimensión a partir de la cual se puede hacer una evaluación del desempeño de cualquier individuo que encabeza a un grupo de personas.

Definir la meta es indispensable para la materialización de un proyecto. De otra manera la idea en cuestión no pasará de ser un sueño, un propósito o un buen deseo.

En ocasiones el líder definirá la meta, pero la mayoría de las veces estará sujeto a una autoridad superior encargada de hacerlo y solo podrá dar su opinión.

Si el líder es responsable de fijar la meta, esa será su labor inicial más importante pues de ella dependerá el resto de su quehacer. Si no lo es, tendrá que acatarla y apropiarse de ella.

En cualquier caso, una vez en la faena, todo lo que el líder piense, diga o haga solo tendrá sentido si ayuda al cumplimiento de la meta, pues esa es su responsabilidad primordial.

Fortalece tu *sentido de responsabilidad* respondiendo con plena honestidad a las siguientes preguntas:

1. ¿Cuál es la meta principal del colectivo que encabezas?
2. ¿Quién definió esa meta y cómo?

3. ¿Estás seguro de que alcanzarán dicha meta? ¿Por qué?
4. Si no es así, ¿qué harás al respecto?

1.3. EL LÍDER TIENE LA RESPONSABILIDAD DE MEJORAR SU FUTURO, EL DE SU COLECTIVO Y EL DE SU ENTORNO

Es por ello que debe agudizar su sentido de responsabilidad, tanto en amplitud como en profundidad, pero de una manera en la que se garantice el mayor bien posible para todas las partes.

El error más frecuente que ocurre en este proceso es el espejismo de creer que todo lo que le beneficie al líder, será benéfico para su colectivo y para su entorno.

Nada más alejado de la realidad. Por el contrario, el razonamiento debe hacerse exactamente al revés: primero buscar el bien para el entorno, después para el colectivo y al final para el líder.

Con toda seguridad podemos identificar fácilmente decisiones en cualquier ámbito, público y privado, que fueron tomadas con un criterio equivocado: anteponiendo los intereses del líder.

Esta es la razón por la que existen muy pocos grandes líderes. Porque solo muy pocos actúan con responsabilidad al momento de ponderar la conveniencia general y la conveniencia personal.

Fortalece tu *sentido de responsabilidad* contestando con plena honestidad las siguientes preguntas:

1. ¿Cuál es el beneficio al entorno que debe generar tu colectivo?
2. ¿Cómo se enteran del nivel de beneficio que provocan?
3. ¿Están cumpliendo de forma satisfactoria?
4. Si no es así, ¿qué harás al respecto?

1.4. EL LÍDER TIENE LA RESPONSABILIDAD DE DESARROLLAR AL MÁXIMO A CADA UNO DE LOS INTEGRANTES DE SU COLECTIVO

Quizás esta sea la responsabilidad más desatendida en el ejercicio del liderazgo, con excepción de algunos colectivos fraternos: familia, escuela, deporte y arte grupal, entre otros.

Sin embargo, fuera de esos ambientes, en general los líderes no solo descuidan el desarrollo de los miembros a su cargo, sino que, de manera involuntaria, o incluso hasta deliberada, lo evitan.

Se trata de un mecanismo de supervivencia mal entendido, bajo el supuesto de que, con el desarrollo de las personas a cargo, se corre el riesgo de eventualmente ser sustituido por una de ellas.

Lo anterior es un claro ejemplo en donde se antepone el beneficio del líder, pues resulta evidente que lo mejor para cualquier grupo humano es que todos sus integrantes perfeccionen sus capacidades.

Por tanto, el líder debe instrumentar una estrategia sistemática para identificar, desarrollar y poner al servicio del colectivo los talentos de cada persona bajo su custodia.

Fortalece tu *sentido de responsabilidad* contestando con plena honestidad las siguientes preguntas:

1. ¿Qué nivel de desarrollo tiene cada integrante de tu colectivo?
2. ¿Cómo determinas sus necesidades de desarrollo?
3. ¿Estás haciendo tu máximo esfuerzo para desarrollarlos?
4. Si no es así, ¿qué harás al respecto?

1.5. UN LÍDER QUE NO CUMPLE EN LAS RESPONSABILIDADES PEQUEÑAS, TAMPOCO LO HARÁ EN LAS GRANDES

La regla general en el progreso de un líder es que el colectivo que encabece sea mayor conforme transcurra el tiempo y de forma aparejada crezca su nivel de responsabilidad.

En consecuencia, de inicio tendrá encargos menores y, a partir de su cabal cumplimiento, será merecedor de encomiendas superiores hasta que alcance su nivel de incompetencia.

Aunque se escucha muy riguroso, y por lo mismo existe la propensión a evadirlo, el nivel de incompetencia en el ejercicio del liderazgo es una realidad que debe atenderse.

Ese límite puede ser temporal o permanente. Cuando es temporal deben procurarse los medios para elevarlo, mientras que cuando es permanente lo más sano es reconocerlo con serenidad.

Se comete un gran error cuando un líder que ha llegado a su nivel de incompetencia adquiere más responsabilidad, pues esa decisión terminará perjudicando al propio líder, al colectivo y al entorno.

Fortalece tu *sentido de responsabilidad* contestando con plena honestidad las siguientes preguntas:

1. ¿Cuál es el siguiente nivel organizacional al que podrías acceder?
2. ¿Eres considerado un candidato firme para ser promovido?
3. ¿Estás preparado en este momento para un ascenso?
4. Si no es así, ¿qué harás al respecto?

CAPÍTULO 2

Sentido de pertenencia

2.1. UNA PERSONA SIN SENTIDO DE PERTENENCIA ESTÁ PERDIDA Y UN LÍDER SIN SENTIDO DE PERTENENCIA HARÁ QUE OTROS SE PIERDAN

Como la persona humana es un ser gregario, está en su naturaleza la necesidad de pertenencia institucional: a una familia, a una comunidad, a una organización, etcétera.

El sentido de pertenencia cambia por completo la perspectiva de cualquier persona. Sin pertenencia no hay compromiso. Con pertenencia es posible la confección de un contrato social.

El único modo para que un líder pueda infundir sentido de pertenencia a su colectivo es que él mismo lo tenga. Y el único modo de tenerlo es apropiándose del propósito institucional.

La apropiación es un proceso gradual que idealmente debería llegar hasta las últimas consecuencias. Cuando la apropiación es total, el individuo estará dispuesto a dar la vida por su causa.

Así de importante es el sentido de pertenencia en un colectivo y el líder es el primero que tiene que percatarse de ello y hacer todo lo que esté a su alcance para reforzarlo.

Fortalece tu *sentido de pertenencia* contestando con plena honestidad las siguientes preguntas:

1. ¿Cuál es tu nivel actual de pertenencia institucional?
2. ¿Qué evidencias respaldan ese nivel?
3. ¿Tu nivel de pertenencia institucional es ejemplar?
4. Si no es así, ¿qué harás al respecto?

2.2. LA LABOR DE UN LÍDER SE TRANSFORMA CUANDO SE VUELVE ANFITRIÓN DE LOS MIEMBROS DE SU COLECTIVO

Aunque a simple vista parece tratarse de algo muy obvio y muy sencillo, en realidad no lo es. Si fuera obvio y sencillo todos los líderes lo harían y lo harían bien.

En esencia el ejercicio del liderazgo se trata de invitar a otras personas para que colaboren en la conquista de un sueño que sobrepasa las capacidades de quien lo imaginó.

Bajo esa óptica, el líder es el anfitrión y los integrantes de su colectivo son sus convidados, de manera que, si los visualiza en ese contexto, su actitud hacia ellos debe ser la adecuada.

En primer lugar, un buen anfitrión les extiende la más cordial bienvenida a sus invitados y les procura una atención esmerada, asegurándose de que nada les falte.

Además, se cerciora con regularidad que se sientan cómodos y que estén disfrutando su estancia... Igual que lo hacen los buenos líderes con los integrantes de su equipo.

Fortalece tu *sentido de pertenencia* contestando con plena honestidad las siguientes preguntas:

1. ¿Qué tan buen anfitrión de tu colectivo te consideras?
2. ¿Por qué lo dices?

3. ¿Estás seguro de que tu colectivo te considera gran anfitrión?
4. Si no es así, ¿qué harás al respecto?

2.3. EL RESULTADO POTENCIAL DE UN LÍDER ES INVERSAMENTE PROPORCIONAL A LA DISTANCIA EMOCIONAL QUE MANTIENE CON SU COLECTIVO

Cuando el líder se ha apropiado del propósito institucional y ha caído en la cuenta de su papel como anfitrión, debe robustecer los lazos afectivos con los integrantes de su colectivo.

En muchos contextos esta acción aún se sigue viendo como una muestra de debilidad en el ejercicio del liderazgo y se insiste en la conveniencia de mantener la separación entre los involucrados.

Sin embargo, una situación no está reñida con la otra, como se demuestra de manera natural en el correcto liderazgo familiar, capaz de combinar la obediencia con el amor.

En otros ámbitos nos referimos al equilibrio entre el respeto y el aprecio, que no solo es posible, sino que está demostrado que cuanto más se aprecia a una persona, más respeto se le tiene.

Por tanto, para obtener los mejores resultados en su gestión, el líder debe esforzarse en estrechar el vínculo personal con cada persona que integra su grupo.

Fortalece tu *sentido de pertenencia* contestando con plena honestidad las siguientes preguntas:

1. ¿En tu colectivo cómo es el balance entre respeto y aprecio?
2. ¿Qué te hace considerarlo de esa manera?
3. ¿Tu vínculo afectivo es estrecho con tu colectivo?
4. Si no es así, ¿qué harás al respecto?

2.4. EL SENTIDO DE PERTENENCIA PLENO SOLO OCURRE SI EL LÍDER CONOCE A CADA INTEGRANTE DE SU COLECTIVO Y VICEVERSA

La travesía rumbo al conocimiento del otro debe comenzar por iniciativa del líder, quien debe prepararse para hacer un recorrido diferente según lo requiera cada caso particular.

El objetivo del viaje es lograr la confianza de cada integrante del colectivo, lo cual supone un esfuerzo de doble vía: que la persona acceda a ser conocida y que el líder acceda a que se le conozca.

Este proceso es gradual y no está exento de vicisitudes pues implica identificar tanto las virtudes y las fortalezas, como los vicios y las limitaciones de cada involucrado.

Pero si el objetivo es claro y se obra con honestidad, el resultado será extraordinario pues se habrá formado una fraternidad de confianza con gran sentido de pertenencia.

Claro que no es una tarea simple, por el contrario, probablemente sea de uno de los retos más grandes, pero solo superándolo con éxito será posible que una persona pase de ser jefe, a ser líder.

Fortalece tu *sentido de pertenencia* contestando con plena honestidad las siguientes preguntas:

1. ¿Qué tanto conoces a cada integrante de tu colectivo?
2. ¿Qué tanto te falta por conocerlos mejor?
3. ¿Es tu colectivo una fraternidad de confianza?
4. Si no es así, ¿qué harás al respecto?

2.5. *NOSOTROS* ES LA PALABRA QUE DEMUESTRA UN CORRECTO LIDERAZGO DEL SENTIDO DE PERTENENCIA

Al igual que ocurre con el sentido de responsabilidad, el sentido de pertenencia debe estar profundamente arraigado en el líder, lo cual solo es posible en una organización afín a sus convicciones.

De ahí que el líder deba ser muy selectivo al momento de formalizar un compromiso institucional, ya sea que se trate de un proyecto propio o de uno en el que va a colaborar.

Y lo mismo aplica al elegir a los integrantes de su colectivo, pues será imposible infundir sentido de pertenencia a personas no afines a las convicciones institucionales.

Una vez teniendo clara la base común del colectivo, el sentido de pertenencia debe procurarse por todos los medios: desde la filosofía organizacional hasta el código de vestimenta.

La mejor evidencia de un colectivo con profundo sentido de pertenencia se presenta cuando las palabras *yo*, *tú*, *él*, *ella*, *ustedes* y *ellos* ceden su lugar a la palabra *nosotros*.

Fortalece tu *sentido de pertenencia* contestando con plena honestidad las siguientes preguntas:

1. ¿Te encuentras en una organización afín a tus convicciones?
2. ¿La organización es afín a las convicciones de tu colectivo?
3. ¿*Nosotros* es la palabra más importante de tu colectivo?
4. Si no es así, ¿qué harás al respecto?

CAPÍTULO 3

Sentido común

3.1. UN LÍDER SIN SENTIDO COMÚN ES COMO UNA BRÚJULA SIN AGUJA, INCAPAZ DE SEÑALAR EL NORTE

A simple vista parecería fuera de lugar hablar del sentido común al analizar el quehacer de personas que tienen el encargo de dirigir a otros. Como si por ello ya lo dominaran.

Pero en la realidad se aprecia que en muchas ocasiones los líderes, al privilegiar el uso de conocimientos sofisticados, dejan de lado el sentido común y cometen errores elementales.

De ninguna manera existe la intención de restarle relevancia al saber refinado, más bien se trata de recuperar la gran utilidad que aporta el sentido común en el ejercicio del liderazgo.

La orientación que brinda el sentido común en la práctica se debe a su capacidad de revelar verdades autoevidentes, cuyo propósito es evitar equivocaciones y corroborar conjeturas.

Así, un líder con sentido común identificará hacia dónde no está el norte, enseguida la ciencia a su alcance le dirá hacia dónde se halla, y después su mismo sentido común se lo confirmará.

Fortalece tu _sentido común_ contestando con plena honestidad las siguientes preguntas:

1. ¿Qué tan importante es para ti el sentido común?
2. ¿Por qué lo consideras así?
3. ¿Confías plenamente en tu sentido común?
4. Si no es así, ¿qué harás al respecto?

3.2. EN EL CASO DE UN LÍDER, EL SENTIDO COMÚN NO PUEDE SER EL MENOS COMÚN DE SUS SENTIDOS

El sentido común es una capacidad que todos tenemos en estado potencial y que, como cualquier otra, requiere entrenamiento constante para su perfeccionamiento.

Y si bien es cierto que su desarrollo temprano fue responsabilidad de terceras personas, no menos cierto es que el líder debe tomar cuanto antes el control de su progreso en esta materia.

Con el sentido común se tiene la gran ventaja de que no se necesitan estudios formales para prosperar; por el contrario, la vida cotidiana y la sabiduría popular son grandes maestros.

De ahí que esté al alcance de cualquier persona desarrollar esta capacidad de la cual se ha dicho, y con mucha razón, que es el menos común de todos los sentidos.

Por tanto, ningún líder está disculpado por actuar con falta de sentido común, ya que siempre tendrá la prerrogativa de consultar con sus colaboradores, sobre todo con los de más experiencia.

Fortalece tu _sentido común_ contestando con plena honestidad las siguientes preguntas:

1. ¿Qué tanto ejercitas con regularidad tu sentido común?
2. ¿Cómo y cuándo lo haces?

3. ¿Siempre tomas en cuenta el sentido común para decidir?
4. Si no es así, ¿qué harás al respecto?

3.3. CUANDO LA SOBERBIA SATURA EL ESPACIO DEL LIDERAZGO, EL SENTIDO COMÚN NO TIENE CABIDA

Después de observar el comportamiento de los líderes que hacen caso omiso al sentido común, llegamos a la conclusión de que tiene que ver con un defecto aún mayor: la falta de humildad.

Cuando un líder es soberbio, confía principalmente en sus propios medios y, de entre ellos, en los que más le costaron adquirir y que lo diferencian del resto de las personas que lo rodean.

De esta manera cierra su percepción a opiniones ajenas, sobre todo de personas que considera menos preparadas, así como también a la información que le brinda su propio sentido común.

Entonces sucede lo inevitable: no solo desfila desnudo frente a todo el mundo, sino que previamente convenció a su incondicional círculo cercano de la belleza de su traje nuevo.

Y es el sentido común de un niño el que finalmente desenmascara por completo el grotesco espectáculo montado a partir de la soberbia de un mal líder.

Fortalece tu *sentido común* contestando con plena honestidad las siguientes preguntas:

1. ¿Consideras que la humildad es una de tus cualidades?
2. ¿Tu colectivo estará de acuerdo con tu respuesta?
3. ¿Estás seguro de que la soberbia nunca te domina?
4. Si no es así, ¿qué harás al respecto?

3.4. A UN LÍDER CARENTE DE SENTIDO COMÚN TAMBIÉN LE FALTARÁ EL RESPALDO COLECTIVO

De entre las ventajas del sentido común podemos destacar que su aplicación es universal, inmediata y manifiesta, por lo que resulta excelente para reforzar el ejercicio del liderazgo.

La universalidad tiene que ver con que puede emplearse en cualquier circunstancia, sin importar la complejidad de esta última. Es más, a mayor complejidad, mayor utilidad del sentido común.

La inmediatez se refiere a que puede utilizarse desde el primer momento en el que se atiende una situación. Y entre mayor sea la premura por resolverla, mayor será la utilidad del sentido común.

Lo manifiesto significa que es evidente cuando en un asunto se ha incorporado o se ha dejado de lado el sentido común. El problema surge cuando esa evidencia no es clara para el líder.

De lo que sí podemos tener completa certeza es de que cuando el liderazgo se tiñe de sentido común tendrá un mayor respaldo de los grupos de interés involucrados.

Fortalece tu *sentido común* contestando con plena honestidad las siguientes preguntas:

1. ¿Conoces líderes sin sentido común?
2. ¿Qué es lo que te hace identificarlos?
3. ¿Tienes la fama de ser un líder con sentido común?
4. Si no es así, ¿qué harás al respecto?

3.5. SOLO HAY DOS COSAS QUE UN LÍDER PUEDE HACER CON EL SENTIDO COMÚN: ATENDERLO O IGNORARLO

Siendo tan importante el sentido común para el correcto ejercicio del liderazgo, es preciso reconocer dos realidades: tenemos un enemigo en casa y siempre hay lugar para un invitado extra.

El adversario doméstico es nuestro propio sistema educativo que, por lo general, y conforme avanza de nivel, privilegia el saber procesado y desestima el entendimiento natural.

Una prueba de lo anterior es que la gran mayoría de los líderes de las empresas globales más importantes no fueron los mejores alumnos de las universidades más prestigiosas.

Lo mismo pasa en otros campos profesionales. Tal pareciera que los grados académicos son incompatibles para las posiciones de liderazgo. Y claro que sí: cuando se desconoce el sentido común.

Esta desfavorable situación se resuelve cuando el líder, en vez de ignorar el sentido común, lo invita y lo alienta a participar de manera activa en los procesos a su cargo.

Fortalece tu *sentido común* contestando con plena honestidad las siguientes preguntas:

1. ¿Qué tan frecuente ignoras al sentido común?
2. ¿A qué crees que se deba?
3. ¿Siempre usas y alientas a que se use el sentido común?
4. Si no es así, ¿qué harás al respecto?

CAPÍTULO 4

Sentido de urgencia

4.1. HAY TRES TIPOS DE LÍDERES: LOS QUE ACTIVAN EL CAMBIO, LOS QUE SE ADAPTAN AL CAMBIO Y LOS QUE APLAZAN EL CAMBIO

El proceso de cambio solo puede atenderse de forma apropiada con sentido de urgencia. Si bien hay que discernir qué cambio, la experiencia muestra que aun para esto suele existir aplazamiento.

Esta demora tiene dos causas principales: indecisión, cuando existe duda; y evasión, cuando existe miedo. Y para ambos casos opera la misma realidad: jamás dejará de haber duda y miedo.

Respecto de la duda hay que aceptar que es imposible conocer todos los elementos de una situación, por lo que la incertidumbre será una compañera inseparable al tomar cualquier decisión.

En cuanto al miedo ocurre algo similar. Es imposible tener éxito en todo lo que se emprenda, por lo que el riesgo también será un colega asociado a todas las decisiones.

Lo fundamental para un líder es que su sentido de urgencia lo lleve a decidir con celeridad pese a sus dudas y a sus miedos. Activar, adaptarse o aplazar el cambio: ese es el dilema.

Fortalece tu *sentido de urgencia* contestando con plena honestidad las siguientes preguntas:

1. ¿Qué tanto aplazas las decisiones que debes tomar?
2. ¿La causa principal es por indecisión o por evasión?
3. ¿Eres conocido como un líder activador del cambio?
4. Si no es así, ¿qué harás al respecto?

4.2. EL EJERCICIO DEL LIDERAZGO DEAMBULA ENTRE LA ABSTRACCIÓN DE LOS GRANDES SUEÑOS Y SU CONCRECIÓN EN LA REALIDAD COTIDIANA

Si bien es cierto que si no hay decisión, no hay acción, también lo es que la sola decisión no garantiza la acción. En cualquier caso, nos encontramos ante un sentido de urgencia deteriorado.

Un acertijo del dominio público plantea que hay cinco gaviotas al borde de un muelle y que una de ellas decide volar mar adentro. Y pregunta el número de gaviotas que quedan en el muelle.

La respuesta esperada es que siguen las cinco gaviotas en el borde del muelle porque la que decidió volar solo hizo eso: decidir, pero no convirtió su decisión en acción.

En el terreno del liderazgo la inacción suele ser una falla frecuente que muchas veces se agrava por la dilación en la etapa previa correspondiente a la toma de decisiones.

La manera más efectiva que tiene un líder para terminar con el retraso de las decisiones y de las acciones consiste en fortalecer el sentido de urgencia: el propio y el de su colectivo.

Fortalece tu *sentido de urgencia* contestando con plena honestidad las siguientes preguntas:

1. ¿Tu estilo de pensamiento es más abstracto o más concreto?
2. ¿Sabías que eso determina tu manera de actuar?

    3. ¿Te resulta muy fácil pasar de la decisión a la acción?

    4. Si no es así, ¿qué harás al respecto?

4.3. SI EL LÍDER NO LE TIENE RESPETO AL TIEMPO, TAMPOCO EL TIEMPO LE TENDRÁ RESPETO AL LÍDER

El sentido de urgencia comienza con la clara conciencia del excepcional valor del tiempo: un preciado activo que, además de ser muy escaso, es completamente irrecuperable.

De ahí que el líder tenga que ser en suma muy cuidadoso con la gestión de su tiempo y con la conveniencia temporal de sus decisiones y de sus acciones.

Por un lado, el desperdicio de tiempo implica una costosa e irreparable pérdida, no solo para el líder, sino también para su colectivo y para el entorno en el que se desenvuelven.

Y, por otra parte, si sus decisiones o sus acciones pierden el instante justo para llevarse a cabo, el efecto deseado se verá mermado, si no es que incluso podría llegar a ser nulo.

Parecería una minucia, pero el sentido de urgencia en el ejercicio del liderazgo comienza con el respeto del tiempo propio y de los demás a través de la puntualidad en los compromisos adquiridos.

Fortalece tu *sentido de urgencia* contestando con plena honestidad las siguientes preguntas:

    1. ¿Has calculado el valor económico del tiempo de una reunión?

    2. ¿Sabes el cambio de valor de una decisión fuera de tiempo?

    3. ¿Es la puntualidad una de tus fortalezas?

    4. Si no es así, ¿qué harás al respecto?

4.4. UN BUEN LÍDER SABE QUE EL PASO DE TIEMPO ES ABSOLUTO, PERO QUE SU IMPACTO ES RELATIVO

Al hablar sobre el sentido de urgencia es importante reconocer la relatividad del tiempo, pues cada sistema tiene una duración de ciclo distinta, así como diferentes grados de disfuncionalidad.

El impacto de un segundo de retraso en un sistema que cuenta con ciclos de un minuto es mucho mayor al que tendría si los ciclos fueran de una hora, un día, una semana, etcétera.

En la misma lógica, un segundo de retraso en un sistema con ciclos de un minuto afectará de forma distinta dependiendo la sensibilidad de la parte del sistema que lo experimente.

Las dos consideraciones anteriores deben ser ponderadas de manera correcta para estar en posibilidad de determinar con acierto el grado de urgencia de una situación.

Por tanto, el líder debe conocer a fondo el sistema que encabeza, pues de otro modo podría tomar apresuradamente una decisión que no requiere tanta premura, y viceversa.

Fortalece tu *sentido de urgencia* contestando con plena honestidad las siguientes preguntas:

1. ¿Conoces la temporalidad de los ciclos del sistema que lideras?
2. ¿Sabes qué partes de tu sistema son más sensibles al tiempo?
3. ¿Identificas perfectamente cuando una situación es urgente?
4. Si no es así, ¿qué harás al respecto?

4.5. EL SENTIDO DE URGENCIA DE UN LÍDER DETERMINA EL SENTIDO DE URGENCIA DE SU COLECTIVO

Solo cuando un líder conoce el margen de tolerancia temporal del sistema que encabeza está en posibilidad de gestionar con acierto el sentido de urgencia en su colectivo.

Y es en la manera de maniobrar con ese margen en donde se origina una diferencia importante de efectividad en el desempeño de distintos líderes y sus respectivos colectivos.

Un líder sin sentido de urgencia ocasionará que su colectivo opere a un ritmo menor al requerido para la consumación de las metas, por lo que habrá incumplimiento constante.

Un líder con sentido de urgencia normal propiciará que la mayoría de las veces su colectivo alcance las metas, aunque habrá ciertos casos en los que algún imponderable se los impedirá.

Un líder con sentido de urgencia sobresaliente, al hacer un mejor uso del margen de tolerancia temporal, no solo provocará que su colectivo logre las metas, sino que con frecuencia las superará.

Fortalece tu *sentido de urgencia* contestando con plena honestidad las siguientes preguntas:

1. ¿Cómo es tu sentido de urgencia personal y el de tu colectivo?
2. ¿Qué tienes que hacer para ambos sean consistentes?
3. ¿Te conocen por tener un sentido de urgencia sobresaliente?
4. Si no es así, ¿qué harás al respecto?

CAPÍTULO 5

Sentido del humor

5.1. SIEMPRE SERÁ PREFERIBLE UN LÍDER CON BUEN HUMOR, QUE UNO MALHUMORADO

Uno de los aliados más efectivos y menos utilizados de manera consciente en el liderazgo es el sentido del humor. Veamos.

El sentido del humor le brinda innumerables ventajas a un líder: desde la capacidad de generar escenarios y estrategias más propicios, hasta la habilidad para resolver mejor los conflictos humanos.

Está comprobado que el desempeño de los líderes varía de manera significativa según el humor en el que se encuentren. A mejor humor, mejor desempeño, y viceversa.

Y como el humor y el desempeño son contagiosos, no pasará mucho tiempo antes de que el colectivo encabezado por un líder experimente los mismos niveles de humor y desempeño.

De ahí la importancia de aprovechar este recurso que, como lo establece la sabiduría popular, se trata de una decisión personal: al mal tiempo buena cara... y al buen tiempo, también.

Fortalece tu *sentido del humor* contestando con plena honestidad las siguientes preguntas:

1. ¿Qué opinas del uso del sentido del humor en el liderazgo?
2. ¿Conocías la relación entre el humor y el desempeño?
3. ¿La gente te identifica como un líder con buen humor?
4. Si no es así, ¿qué harás al respecto?

5.2. UN BUEN LÍDER MÁS UN BUEN COLECTIVO, MÁS UN BUEN ESTADO DE ÁNIMO, ES IGUAL A UN BUEN AUGURIO

El sentido del humor, en su acepción más amplia, se refiere al estado de ánimo: la disposición que se tiene antes de pasar a la acción y que determinará en buena medida la fluidez del proceso.

Si el estado de ánimo no es propicio, se tenderá a diferir el comienzo del trabajo. En tanto que, con un estado de ánimo favorable, incluso podría adelantarse el inicio de la faena.

También, cuando el humor es negativo la labor resultará ardua y muchas veces infructuosa. Por contraparte, si el humor es positivo la tarea se simplificará y será más fácil concluirla con éxito.

En consecuencia, el estado de ánimo tiene la poderosa capacidad de transformar por completo la manera en la que se perciben, se enfrentan y se resuelven las situaciones que hay que atender.

Por tanto, es responsabilidad del líder manejar su humor y el de su colectivo de tal forma que les brinde un ambiente cordial que apalanque sus esfuerzos en pos de los mejores resultados.

Fortalece tu *sentido del humor* contestando con plena honestidad las siguientes preguntas:

1. ¿Te das cuenta de la importancia del estado de ánimo?
2. ¿Cómo mantienes un humor favorable en tu colectivo?

3. ¿Te caracteriza siempre un buen estado de ánimo?
4. Si no es así, ¿qué harás al respecto?

5.3. UN LÍDER COMPETENTE SERÁ RESPETADO; UNO QUE ADEMÁS TENGA BUEN HUMOR, SERÁ APRECIADO

El buen humor de un líder resulta agradable para la mayoría de las personas, aunque siempre habrá una minoría que por diversas razones no verá con buenos ojos a un líder jovial.

No obstante, está demostrado que son dos los elementos que en primera instancia determinan el grado de aceptación de un líder: la percepción sobre su capacidad y sobre su simpatía.

De esta manera, si estuviera en manos de un individuo elegir a su próximo líder, buscaría a una persona que juzgara al mismo tiempo como competente y agradable.

Un líder que es capaz pero que no es agradable, sin duda generará respeto. Sin embargo, un líder que además de ser competente sea simpático, ganará en aprecio.

Y aunque los resultados finales puedan ser similares, el nivel de cohesión de un colectivo será mucho mayor cuando el proceso se haya enriquecido con el buen humor de su líder.

Fortalece tu *sentido del humor* contestando con plena honestidad las siguientes preguntas:

1. ¿Qué evidencias te muestran que eres un líder respetado?
2. ¿Qué evidencias te muestran que eres un líder apreciado?
3. ¿Tu colectivo goza de buen humor y alta cohesión?
4. Si no es así, ¿qué harás al respecto?

5.4. ¿POR QUÉ EJERCER UN LIDERAZGO ADUSTO SI PUEDE EJERCERSE UNO SONRIENTE?

La manifestación más evidente del buen humor es la sonrisa, que como tiene un gran poder cautivador, debía ser parte integral e imprescindible de la imagen que proyecta un líder.

Por supuesto que hay líderes que tienen mayor facilidad de ser sonrientes, pero los demás requieren esforzarse en desarrollar este atributo, sabedores de que les redundará en gran beneficio.

De ningún modo se trata de aparentar algo que no se es, pero, así como cualquier otra característica que favorezca el liderazgo, es necesario dedicar tiempo y esfuerzo a esta para perfeccionarla.

El gran secreto radica en que el buen humor externo, para que sea auténtico y duradero, debe ser una proyección del buen humor interno, producto de la satisfacción de ejercer un buen liderazgo.

Y la paradoja solo es aparente, pues si el líder comienza con la práctica de agregar una sonrisa a todo lo que hace, las sonrisas recibidas de regreso iniciarán un círculo virtuoso.

Fortalece tu *sentido del humor* contestando con plena honestidad las siguientes preguntas:

1. ¿Prefieres tratar con un líder sonriente o con uno adusto?
2. ¿Tu colectivo prefiere un líder sonriente o adusto?
3. ¿Es la sonrisa parte integral de la imagen que proyectas?
4. Si no es así, ¿qué harás al respecto?

5.5. SIEMPRE LLEGARÁ MÁS LEJOS UN LIDERAZGO QUE COMIENZA CON BUEN HUMOR

Una vez que la sonrisa se ha vuelto un hábito en el líder, su sentido del humor se verá reforzado y con ello mejorará su desempeño y el del colectivo que encabeza.

6.4. EL LÍDER QUE QUIERE LLEGAR MÁS LEJOS ENTRENA SU RAZÓN Y SU INTUICIÓN

El sexto sentido de un líder le aporta información única que no es posible obtener de un modo diferente, por lo que debe habilitar los medios para encontrarla y tomarla en cuenta en sus decisiones.

El primer paso consiste en estar abierto a la propia intuición, convencido de las ventajas de hacerlo. Se trata de una determinación consciente que debe volverse un hábito.

Enseguida hay que mirar hacia el interior, para lo cual es conveniente desconectarse temporalmente de los estímulos externos y abrir un espacio de meditación enfocada.

El foco de la meditación debe orientarse a descubrir las sensaciones que produce el tema en cuestión, recordando que se trata de una aproximación enteramente emocional.

Este ejercicio demanda una voluntad y una práctica que, dependiendo de los antecedentes de cada líder, puede resultar más o menos difícil. Lo importante es ejecutarlo siempre.

Fortalece tu *sexto sentido* contestando con plena honestidad las siguientes preguntas:

1. ¿Con qué frecuencia activas el proceso de tu sexto sentido?
2. ¿Propicias que tu colectivo también active ese proceso?
3. ¿Tu práctica intuitiva te permite enseñarles a otros el proceso?
4. Si no es así, ¿qué harás al respecto?

6.5. EL LÍDER DE UN COLECTIVO DEBE SER CAPAZ DE SUMAR RAZONES Y DE MULTIPLICAR INTUICIONES

Las sensaciones que obtiene un líder a partir del uso de su sexto sentido complementan la información racional que obra en su poder, con lo cual estará mejor facultado para decidir.

Si a eso se le agrega el uso de la intuición por parte de los miembros de su colectivo, no cabe duda de que el proceso de toma de decisiones se verá enriquecido de manera impresionante.

Por tanto, al dicho de la sabiduría popular que asegura que varias cabezas razonan mejor que una sola, se le debe agregar que varios corazones intuyen mejor que uno solo.

Además, la racionalidad individual combinada de un colectivo se comporta como una suma, mientras que la intuición individual combinada de un colectivo lo hace como una multiplicación.

En ese momento crucial la prudencia del líder tendrá que indicarle el peso relativo que deberán tener la información racional y la información intuitiva para tomar la mejor decisión.

Fortalece tu *sexto sentido* contestando con plena honestidad las siguientes preguntas:

1. ¿Dirías que tu colectivo es más racional, más intuitivo o más equilibrado?
2. ¿Fomentas más la racionalidad, la intuición o el equilibrio?
3. ¿Siempre que decides sumas razones y multiplicas intuiciones?
4. Si no es así, ¿qué harás al respecto?

CAPÍTULO 7

Sentido de vida

7.1. LA MAYOR DIFERENCIA EN EL DESEMPEÑO DE UN COLECTIVO SE PRODUCE CON BASE EN EL SENTIDO DE VIDA DE SU LÍDER

El sentido de vida del líder es, con mucho, el más importante de los sentidos que hasta ahora hemos explorado, debido a que puede brindarle un significado trascendente a su labor.

Cuando el sentido de vida del líder es superficial, así mismo será el fruto de su esfuerzo, lo cual no significa que su colectivo esté impedido de alcanzar buenos resultados, pero hasta ahí.

Sin embargo, cuando el sentido de vida del líder es profundo, los buenos resultados solo serán el principio de una serie de beneficios para su colectivo y el entorno en el que participan.

Se entiende que un líder tiene un sentido de vida superficial cuando concibe que su trabajo al frente de un colectivo se refiere únicamente a conseguir los objetivos planteados.

Y si su sentido de vida es profundo, estará consciente de que, más allá del logro de las metas, es fundamental buscar el desarrollo de sus colaboradores y el bien común para su entorno.

Fortalece tu *sentido de vida* contestando con plena honestidad las siguientes preguntas:

1. ¿Qué tan profundo es tu sentido de vida?
2. ¿Qué te hace afirmar lo anterior?
3. ¿Estás comprometido con el desarrollo de tu colectivo y tu entorno?
4. Si no es así, ¿qué harás al respecto?

7.2. EL LÍDER AMPLÍA SU SENTIDO DE VIDA CUANDO DESCUBRE SUS TALENTOS, LOS DESARROLLA Y LOS PONE AL SERVICIO DE LOS DEMÁS

El grado de profundidad del sentido de vida de un líder guarda una relación directa con el ejercicio de reflexión que ha hecho respecto del propósito mismo de su existencia.

Cuando un líder no ha encontrado su propósito vital, su sentido de vida será superficial; limitará su encomienda como dirigente a la concepción básica de cumplir objetivos.

Al trabajar para descubrir su propósito existencial, un líder amplía su panorama pues se percata de que su vida adquiere sentido en la medida en que aporta un beneficio a los demás.

Y que ese bien solo podrá hacerlo de una manera extraordinaria a través de sus talentos. De ahí que el primer paso para hallar un propósito de vida consiste en descubrir los talentos propios.

Enseguida habrá que cultivar dichos talentos para que, en un tercer momento, el líder los consagre a su colectivo y a su entorno, con lo cual generará un beneficio superior al simple logro de las metas.

Fortalece tu *sentido de vida* contestando con plena honestidad las siguientes preguntas:

1. ¿Cuáles son tus talentos más relevantes?
2. ¿En qué grado de desarrollo se encuentran?
3. ¿Tus talentos aportan gran beneficio a tu colectivo y tu entorno?
4. Si no es así, ¿qué harás al respecto?

7.3. UN LÍDER CON GRAN SENTIDO DE VIDA PROVOCA QUE FLOREZCAN LOS TALENTOS Y LA COLABORACIÓN

Cuando un líder afianzó el hábito de descubrir, desarrollar y poner al servicio de los demás sus talentos, será relativamente sencillo que replique el proceso con quienes conforman su colectivo.

Para ello es necesario que haya fomentado la confianza suficiente como para conocer a cada integrante del equipo e identificar sus capacidades reales y potenciales.

Con ese renovado sentido de su vida y de su labor, el líder dará un vuelco definitivo en el que su atención se centrará en apoyar a que cada persona del grupo reconozca sus talentos.

Una vez conscientes de sus capacidades, el líder deberá facilitar su perfeccionamiento de modo que todo el mundo logre un desempeño extraordinario en sus principales cualidades.

Finalmente, al ser el primero en compartir sus talentos en beneficio de los demás, el resto de las personas seguirán su ejemplo y se generará una sinergia excepcional.

Fortalece tu *sentido de vida* contestando con plena honestidad las siguientes preguntas:

1. ¿Tu liderazgo hace florecer los talentos de tu colectivo?
2. ¿Tu liderazgo facilita el desarrollo de dichos talentos?

3. ¿Tu equipo sigue tu ejemplo de generosidad de talentos?

4. Si no es así, ¿qué harás al respecto?

7.4. EL SENTIDO DE VIDA DE UN LÍDER POTENCIARÁ SU TALENTO, SU DEDICACIÓN Y SU PASIÓN

A todo lo que hemos mencionado hasta ahora sobre el sentido de vida de un líder, así como su impacto en su colectivo y en su entorno, habrá que agregar dos elementos igualmente importantes.

El primero es la *dedicación:* una decisión voluntaria para comprometerse a trabajar todos los días en la dinámica planteada, a sabiendas de que los resultados no serán inmediatos.

Pero la adopción de nuevos hábitos alineados al sentido de vida hará que la perseverancia rinda sus frutos conforme transcurra el tiempo necesario para que el proceso madure.

El segundo elemento es la *pasión:* la vehemencia que el líder siente y transmite a su colectivo a partir de su sentido de vida; una energía contagiosa que los volverá imparables.

A medida que un líder profundice en su sentido de vida, encontrará el talento, la dedicación y la pasión indispensables para obtener resultados superiores y sostenibles.

Fortalece tu *sentido de vida* contestando con plena honestidad las siguientes preguntas:

1. ¿Cómo puedes mejorar tu dedicación como líder?

2. ¿Cómo puedes mejorar tu pasión como líder?

3. ¿Eres la persona más dedicada y apasionada de tu colectivo?

4. Si no es así, ¿qué harás al respecto?

7.5. LO PRIMERO QUE NECESITA UN LÍDER PARA TRASCENDER ES UN SENTIDO DE VIDA TRASCENDENTE

Solo cuando el sentido de vida de un líder es trascendente y está alineado con la actividad que realiza, pueden obtenerse los beneficios adicionales al simple logro de las metas.

Los integrantes de su colectivo gozarán, entre otras cosas, de un agradable ambiente de convivencia; progresarán en sus destrezas, adquirirán más autoconfianza y serán más plenos.

Además, el entorno del colectivo del líder se verá favorecido por los resultados de un proceso que, basado en la trascendencia, perseguirá el bien común de manera sustentable.

De ese modo, lo que inició con la búsqueda de un sentido de vida más profundo por parte del líder, se transformará en un círculo virtuoso de efecto expansivo y perdurable.

Sucederá entonces que algunos miembros del colectivo sobrepasarán la trayectoria de su líder, quien por ello también trascenderá y su quehacer podrá ser calificado como liderazgo sobresaliente.

Fortalece tu *sentido de vida* contestando con plena honestidad las siguientes preguntas:

1. ¿Provocas una mejora sustancial en cada colectivo y entorno?
2. ¿Personas de tus colectivos han sobrepasado tu trayectoria?
3. ¿Puedes afirmar que eres un líder sobresaliente?
4. Si no es así, ¿qué harás al respecto?

SECCIÓN 6

FORMACIÓN: sexta dimensión del liderazgo
OBRA: *Panis Dux* (2021)

En verdad es difícil imaginar una fórmula más sencilla y efectiva para impulsar que un grupo de individuos diversos conviva, coopere y consiga lo que se propone.

Al comprobar que la gratuidad de sonreír es capaz de potenciar los resultados de un colectivo, debe quedar claro que se trata de una inversión que merece ser tomada en cuenta.

Y más porque el buen humor no solo genera mejores desenlaces en los asuntos productivos inmediatos, sino que también fortalece la confianza, la salud y la felicidad de las personas.

Cuando el líder constata que su colectivo acrecienta su confianza, su salud y su felicidad, puede sentirse satisfecho porque su labor ha trascendido el plano pragmático que de origen le compete.

Fortalece tu *sentido del humor* contestando con plena honestidad las siguientes preguntas:

1. ¿Cómo es la convivencia y la cooperación en tu colectivo?
2. ¿Cómo puedes mejorar esa convivencia y esa cooperación?
3. ¿Tu colectivo goza de confianza, salud y felicidad?
4. Si no es así, ¿qué harás al respecto?

CAPÍTULO 6

Sexto sentido

6.1. UN BUEN LÍDER ESTÁ OBLIGADO A VER MÁS ALLÁ DE LO QUE SUS OJOS SON CAPACES DE MOSTRARLE

En el contexto del ejercicio del liderazgo el sexto sentido corresponde a la intuición. Una capacidad complicada de definir, pero que puede ser reconocida con facilidad en la práctica.

Al igual que sucede con el resto de los sentidos que hemos analizado, la intuición delimita una sutil frontera que separa a los líderes comunes de los líderes extraordinarios.

Un líder común basará su percepción y sus decisiones solo en elementos racionales, lo cual es incompleto, pues siempre existirán consideraciones adicionales para tomarse en cuenta.

Cuando la razón se enriquece con esas otras consideraciones, entre ellas la intuición, se consigue un panorama más amplio, y por tanto más próspero, para la toma de decisiones.

De ninguna manera se trata de seguir a ciegas lo que el sexto sentido indique, pero tampoco de ignorarlo por completo. Será la prudencia la que determine en cada caso lo más apropiado.

Fortalece tu *sexto sentido* contestando con plena honestidad las siguientes preguntas:

1. ¿Reconoces que como líder tienes que ampliar tu visión?
2. ¿En qué casos tu intuición ha sido determinante?
3. ¿Tienes el hábito de tomar en cuenta tu sexto sentido?
4. Si no es así, ¿qué harás al respecto?

6.2. UN LÍDER ALCANZA UN NIVEL SUPERIOR CUANDO A SU RACIONALIDAD LE AGREGA SU INTUICIÓN

Algunos líderes subestiman el valor de la intuición porque no pueden comprenderla, pero justo ahí mismo está el meollo del asunto: la intuición no puede ser comprendida.

La razón es que la naturaleza del proceso intuitivo es diferente a la naturaleza del proceso comprensivo. Igual resultaría enunciarlo al revés: la comprensión no puede ser intuida.

La buena noticia es que no se trata de que la intuición se comprenda o de que la comprensión se intuya. Se trata de que a los dos procesos se les considere con la misma importancia.

Una de las principales causas por las que la intuición ha perdido terreno en el plano de la toma de decisiones es porque nuestro propio entorno se ha encargado de desacreditarla y desatenderla.

Pero gracias al sexto sentido de innumerables líderes capaces de trascender la lógica racional es que tenemos el privilegio de gozar el fruto de ideas que han transformado al mundo.

Fortalece tu *sexto sentido* contestando con plena honestidad las siguientes preguntas:

1. ¿Qué te resulta más sencillo: razonar o intuir?
2. ¿Cómo puedes asegurarte de que ocurran ambos procesos?

3. ¿Para decidir siempre atiendes a tu razón y a tu intuición?
4. Si no es así, ¿qué harás al respecto?

6.3. SI UN LÍDER PUEDE UTILIZAR EL SEXTO SENTIDO, ¿POR QUÉ CONFORMARSE CON USAR SOLO CINCO?

En el ejercicio del liderazgo, la razón aporta elementos certeros, si bien nunca completos, de los asuntos a atender. De ahí que la base inicial de cualquier decisión también sea incompleta.

Frente a esta realidad un líder tiene tres escenarios para decidir: usar solo la información racional disponible, complementar esa información racional o incorporar información intuitiva.

Dado que en general la toma de decisiones será más certera con más información, resulta recomendable enriquecerla por medio del segundo o tercero de los escenarios.

Sin embargo, como primera diferencia relevante, complementar la información racional disponible requiere de tiempo, mientras que incorporar información intuitiva ocurre de inmediato.

Además, la información racional extra constituye solo un aporte lineal; entretanto, la información intuitiva es creadora de sinergia. De ahí la conveniencia de que el líder atienda su sexto sentido.

Fortalece tu *sexto sentido* contestando con plena honestidad las siguientes preguntas:

1. ¿Sabes cómo generar información intuitiva?
2. ¿Tu colectivo sabe cómo generar información intuitiva?
3. ¿Eres capaz de crear alternativas disruptivas con tu intuición?
4. Si no es así, ¿qué harás al respecto?

7.5. LO PRIMERO QUE NECESITA UN LÍDER PARA TRASCENDER ES UN SENTIDO DE VIDA TRASCENDENTE

Solo cuando el sentido de vida de un líder es trascendente y está alineado con la actividad que realiza, pueden obtenerse los beneficios adicionales al simple logro de las metas.

Los integrantes de su colectivo gozarán, entre otras cosas, de un agradable ambiente de convivencia; progresarán en sus destrezas, adquirirán más autoconfianza y serán más plenos.

Además, el entorno del colectivo del líder se verá favorecido por los resultados de un proceso que, basado en la trascendencia, perseguirá el bien común de manera sustentable.

De ese modo, lo que inició con la búsqueda de un sentido de vida más profundo por parte del líder, se transformará en un círculo virtuoso de efecto expansivo y perdurable.

Sucederá entonces que algunos miembros del colectivo sobrepasarán la trayectoria de su líder, quien por ello también trascenderá y su quehacer podrá ser calificado como liderazgo sobresaliente.

Fortalece tu *sentido de vida* contestando con plena honestidad las siguientes preguntas:

1. ¿Provocas una mejora sustancial en cada colectivo y entorno?
2. ¿Personas de tus colectivos han sobrepasado tu trayectoria?
3. ¿Puedes afirmar que eres un líder sobresaliente?
4. Si no es así, ¿qué harás al respecto?

El Reino del Pan Existente

Érase una vez un reino muy lejano con forma de redondel en el que vivían dos clases de seres que se alimentaban de pan.

La primera clase la conformaban personas muy parecidas a nosotros en el aspecto físico y las costumbres; la segunda eran pájaros. Sí, pájaros, tal como los conocemos: pequeñas aves voladoras con cuerpo cubierto de plumas, dos alas y pico recto.

En ese lejano reino todos los días se repetía la misma historia: las personas y los pájaros se levantaban e iniciaban su recorrido por el redondel en busca de pan para subsistir, pero la diferencia consistía en que, para lograrlo, los pájaros utilizaban su instinto y las personas su inteligencia y su voluntad.

Por lo general, gracias a las cualidades propias de su especie, los pájaros encontraban primero el pan, y para cuando llegaban las personas ellos ya tenían un buen rato comiendo.

Es importante mencionar que en el Reino del Pan Existente había cuatro tipos de personas denominados: alfa (α), beta (β), gama (γ) y delta (δ).

Las personas tipo alfa eran muy escasas: aproximadamente uno (1α) de cada cien habitantes; también eran muy inquietas, y siempre andaban en busca de nuevos retos. Tenían una gran vitalidad que les permitía encabezar todas las actividades en las que participaban; se encargaban de organizar excursiones y de señalar las tendencias al resto de los individuos. Por su forma de ser, con frecuencia descubrían nuevos lugares, aunque en estos últimos no siempre encontraban pan, y solo se les veía en los depósitos conocidos de ese alimento cuando sus exploraciones fracasaban varias veces seguidas.

Las personas tipo beta constituían un grupo más numeroso: alrededor de quince (15β) de cada cien habitantes. Aunque tenían enormes capacidades y desempeñaban sus labores con eficacia, carecían de suficiente valor para tomar riesgos por sí mismas, por lo que para buscar nuevos almacenes de pan siempre esperaban a que sus contrapartes alfa comenzaran a investigar. Sin embargo, cuando se trataba de depósitos conocidos, las personas tipo beta llegaban a ellos con relativa rapidez, pues eran muy hábiles.

Con cerca de sesenta y ocho individuos (68γ) de cada cien habitantes, el grupo de personas tipo gama era el mayor de todos y casi siempre hacía las cosas de la misma manera, sin correr muchos riesgos. En general preferían mantener el anonimato confundiéndose entre la gran masa que conformaban, por lo que evitaban hacer cosas que llamaran la atención. Ellos tomaban la vida con calma y normalmente llegaban a comer un poco tarde, acudiendo siempre al mismo lugar, y solo cuando estaba a punto de terminarse el pan en ese sitio, se preocupaban por participar en las exploraciones de las personas tipo alfa.

El cuarto grupo lo integraban las personas tipo delta: alrededor de dieciséis (16δ) de cada cien habitantes. Estos pobladores eran amantes de las costumbres y por esa razón se desconcertaban con facilidad al ver que el pan se terminaba en el lugar donde normalmente lo adquirían; incluso algunos llegaban al extremo de preferir pasar hambre en su casa, antes que salir a buscar más alimento a sitios desconocidos, algo que solo hacían en compañía de moradores de otros tipos. Pero, por lo general, las personas tipo delta se levantaban muy temprano, seguían siempre una misma rutina y, por lo mismo, eran las primeras en llegar a los depósitos conocidos de pan, después de los pájaros.

En el Reino del Pan Existente las personas no nacían siendo tipo alfa, beta, gama o delta, sino que, a lo largo de su infancia y su adolescencia, y dependiendo del entorno en el que se desenvolvían, iban desarrollando ciertas características que, cuando llegaban a la juventud, los identificaban con una de las cuatro formas posibles.

Ya siendo adultos, y de acuerdo con sus intereses y sus amistades, una persona podía conservar su tipo original o convertirse a otro tipo de menor vitalidad, pero siempre cambiando de uno en uno, situación que invariablemente sucedía al final de cada era, en donde una de cada cinco personas alfa se convertía en beta, una de cada cuatro personas beta se transformaba en gama y una de cada tres personas gama pasaba a ser delta.

Pues bien, todas las personas del Reino del Pan Existente, a pesar de no ser tan veloces como los pájaros para encontrar el pan, tarde o temprano tenían que alimentarse y, una vez que llegaban a los depósitos de aquel sustento, su principal preocupación era comer rápidamente lo más posible, de modo que su hambre quedara saciada y pudieran contar con suficiente tiempo para tomar una siesta, conversar entre sí o, en algunas ocasiones, acompañar a las personas tipo alfa en su exploración del redondel.

Es preciso mencionar que en aquel reino una popular leyenda aseguraba que, tiempo atrás, después de mucho camino recorrido, algunas personas encontraron un nuevo reino al que emigraron y en el que, según se afirmaba, eran más felices.

Y aunque nadie sabía a ciencia cierta qué senda conducía al nuevo reino, se rumoraba que su puerta de entrada se localizaba en alguno de los confines del Reino del Pan Existente.

Pese a que todos conocían la leyenda, solo a pocos les entusiasmaba la idea de irse a vivir a un nuevo reino, pues la mayoría no podía imaginar una felicidad más grande que comer el pan de cada día y después disfrutar una buena siesta, una buena charla o un buen paseo.

Los pájaros, entretanto, sin mayor ambición de experimentar algo diferente a su rutina diaria, escuchaban curiosos los diálogos que, después de comer, sostenían las personas tipo alfa con quienes las acompañaban en su camino rumbo a los confines del Reino del Pan Existente, y las seguían en su recorrido, pues para las aves resultaba más entretenido merodear volando cerca de las personas en movimiento, que permanecer con las que tomaban una siesta o estaban platicando.

Así transcurrían los días, las semanas, los meses y los años en aquel Reino del Pan Existente, en donde el mayor problema al que podían enfrentarse las personas y los pájaros era al agotamiento de alguno de los depósitos conocidos de pan, que de presentarse, instintivamente los pájaros buscaban de inmediato nuevas alternativas, al igual que las personas, pero estas últimas con su propio estilo y su propia velocidad, según su tipo. Si acaso la mayor dificultad recaía en las personas tipo delta, quienes debían luchar en contra de su forma de ser para adaptarse a las nuevas circunstancias.

Llegó entonces el término de una era y hubo una conversión de los habitantes del Reino del Pan Existente de acuerdo con la estadística histórica.

De esta manera, en cada grupo original de cien individuos formado por una persona alfa, quince personas beta, sesenta y ocho personas gama, y dieciséis personas delta ($1\alpha + 15\beta + 68\gamma + 16\delta$), se produjo una nueva composición integrada por una persona alfa, once personas beta, cuarenta y nueve personas gama, y treinta y nueve personas delta ($1\alpha + 11\beta + 49\gamma + 39\delta$).

Pasó el tiempo y un buen día sucedió que, en uno de tantos recorridos, el grupo anterior de cien integrantes ($1\alpha + 11\beta + 49\gamma + 39\delta$) y numerosos pájaros, encabezados por una persona tipo alfa, que a partir de ahora llamaremos Dux, llegó a una de las paredes que marcaban el límite del redondel, en donde encontraron un enorme portón de madera que tenía la siguiente inscripción:

Entrada exclusiva para quienes aspiran a algo más
que seguir comiendo pan en el Reino del Pan Existente.

Por un momento el colectivo se quedó paralizado sin saber qué hacer frente a tal descubrimiento. Los pájaros, por su parte, no entendían lo que ocurría.

Pasaron algunos instantes y Dux tomó la palabra para indicarles que por fin habían encontrado lo que buscaban y que era su oportunidad para mudarse al nuevo reino del que hablaba la leyenda.

La duda invadió a las personas del grupo que, como ya dijimos, eran cien: Dux, once personas beta, cuarenta y nueve personas gama, y treinta y nueve personas delta ($1\alpha + 11\beta + 49\gamma + 39\delta$), y finalmente hubo dos reacciones distintas: la de ocho personas beta (tres de cada cuatro de las once del grupo) y dieciséis personas gama (una de cada tres de las cuarenta y nueve del clan) que decidieron continuar con Dux, y la del resto de las personas que prefirieron abandonar la aventura por considerarla demasiado riesgosa y de inmediato emprendieron el camino de regreso a sus casas.

Las veinticinco personas que decidieron seguir adelante comprendieron que, si bien comer pan brindaba cierta felicidad, esa sensación podría ser mayor al superar la barrera de saberse limitados por un redondel. Consideración que sin duda fue poco importante para los pájaros y todas las demás personas que prefirieron no continuar.

Entonces el colectivo de Dux ($1\alpha + 8\beta + 16\gamma + 0\delta$) abrió el portón de madera y, lentamente, se internó en un oscuro túnel, seguido de algunos curiosos pájaros…

REFLEXIONES PERSONALES

– ¿Qué significa en tu realidad el pan existente? ¿Puedes dar un par de ejemplos concretos?
– Menciona a tres personas que consideres habitantes del Reino del Pan Existente.
– ¿En qué te pareces a ellos? ¿En qué te diferencias?
– ¿Te visualizas como habitante del Reino del Pan Existente? ¿Por qué?
– ¿Aspiras a algo más que seguir comiendo pan existente? ¿Con qué finalidad?

El Reino del Pan Útil

En cuanto pasó la última de las veinticinco personas ($1\alpha + 8\beta + 16\gamma + 0\delta$) se cerró a sus espaldas el portón de madera y, conforme avanzaron, la luz apareció poco a poco hasta que les permitió distinguir un letrero que decía:

Bienvenidos al Reino del Pan Útil, en donde cultivamos
el valor de lo práctico, hacemos todo lo necesario para alcanzar
nuestras metas y evitamos distraer la atención en asuntos
secundarios.

Las personas y los pájaros prosiguieron su camino y llegaron a una escalera que los condujo a una gran explanada en donde fueron recibidos con la fuerte ovación de una multitud de personas y pájaros que habitaban el Reino del Pan Útil; y de inmediato se sintieron felices.

Una persona ingenieril tipo beta de este nuevo reino se encargó de dirigirles unas palabras oficiales de bienvenida y les recordó que a partir de ese momento se convertían en habitantes del Reino del Pan Útil, lo cual les comprometía a actuar de acuerdo con el enunciado que habían leído a su ingreso.

De manera particular les hizo saber que cada habitante del Reino del Pan Útil era completamente libre de decidir si permanecía toda su vida en ese lugar, o bien buscaba en todo el redondel la forma de emigrar a un reino superior o de regresar al Reino del Pan Existente.

Una vez concluida la bienvenida, el grupo de Dux decidió explorar el nuevo redondel, mientras que los pájaros, obedeciendo a su instinto, se dispersaron por todas partes.

El primer lugar que visitaron los recién llegados fue un gran mirador desde el que podía apreciarse toda la actividad que se desarrollaba en el reino del que provenían.

¡Era increíble cómo cambiaba la imagen del Reino del Pan Existente desde esas alturas!

Para empezar, su antiguo hogar se veía mucho más pequeño que lo que recordaban; aquellos interminables caminos del redondel del Reino del Pan Existente que tanto tiempo les había tomado recorrer, parecían diminutos.

Y aquellos depósitos en donde se encontraba el pan que tanto trabajo les habían costado localizar, no estaban sino a unos cuantos metros de distancia.

Es más, desde ese punto de observación podían distinguir a algunas personas tipo delta que conocieron y que jamás pudieron convencer para que abandonaran la zona cercana a sus hogares.

¡Cómo hubieran querido gritarles lo que sus ojos les revelaban desde esa posición: que el pan que necesitaban para salir adelante estaba a solo un par de pasos de donde se ubicaban!

También se percataron de que la pared fronteriza del redondel del Reino de Pan Existente era completamente circular, lo cual explicaba por qué jamás habían hallado una esquina en sus viajes de exploración, al mismo tiempo que se dieron cuenta de que el enorme portón de madera que utilizaron para trasladarse de un reino a otro cambiaba de lugar de manera constante.

Al paso del tiempo, y a medida que los recién llegados al Reino del Pan Útil fueron haciendo su vida cotidiana, advirtieron dos situaciones que les llamaron mucho la atención.

La primera consistía en que cuando vivían en el Reino del Pan Existente jamás se preguntaron sobre el origen del pan que comían.

Recordaban con toda claridad el trabajo que les había costado localizar nuevos depósitos de pan y el agotamiento progresivo de los mismos debido al consumo, pero nunca se pusieron a pensar cómo llegaba dicho alimento a los diferentes sitios que lo proveían y por qué una vez que se terminaba en uno de ellos era muy difícil que volviera a llenarse.

Ahora lo sabían.

Así como el Reino del Pan Existente contaba con muchos almacenes de ese alimento, en el Reino del Pan Útil había numerosas fábricas de pan que por la madrugada vaciaban sus excedentes a través de un sistema de tuberías móviles que distribuían el producto en los depósitos del Reino del Pan Existente, sin seguir un orden preestablecido.

De esta forma, en su flamante lugar de residencia, las personas ahora tenían que internarse en el nuevo redondel no para localizar almacenes de pan, sino para encontrar las fábricas del vital alimento, y si bien es cierto que el tiempo de vida de las fábricas en el Reino del Pan Útil era mayor que el de los depósitos del Reino del Pan Existente, tarde o temprano terminaban cerrando sus operaciones, lo cual propiciaba que una vez más se tuviera que emprender la exploración en busca de nuevas fábricas.

La segunda situación que atrajo la atención de las personas recién llegadas era que, aun cuando todos los habitantes del nuevo reino alguna vez fueron solo personas tipo alfa, beta o gama del Reino del Pan Existente —ya que nunca una delta se atrevió a abandonar su lugar de residencia—, en el Reino del Pan Útil se encontraban los cuatro tipos de personas: alfa, beta, gama y delta.

En otras palabras, aunque algunas personas conservaban su tipo original, otras hallaban suficiente pan en el Reino del Pan Útil como para adoptar una vida más relajada y cambiaban de tipo de acuerdo con la misma estadística histórica del Reino del Pan Existente.

Ese fenómeno se presentó más adelante en todo el reino, al final de una era, de manera que la composición de la colectividad de Dux quedó integrada por él, seis personas beta, trece personas gama y cinco personas delta ($1\alpha + 6\beta + 13\gamma + 5\delta$), quienes diariamente, después de alimentarse, salían a recorrer el redondel en compañía de varios curiosos pájaros, buscando los confines del Reino del Pan Útil en donde les habían dicho que podían encontrar la puerta de salida.

Después de mucho peregrinar, por fin localizaron un enorme portón de madera que tenía escrito lo siguiente:

**Entrada exclusiva para quienes desean regresar
a comer pan en el Reino del Pan Existente.**

Las personas dudaron un momento, y aunque de alguna manera extrañaban a sus compañeros que decidieron permanecer en el Reino del Pan Existente, lo que habían descubierto en el Reino del Pan Útil, a la mayoría de ellos, les parecía mucho más valioso como para pensar en volver a su antiguo reino.

Las cinco personas tipo delta sí querían regresar al Reino del Pan Existente, pero como no se atrevían a hacerlo solas, siguieron adelante con el resto del grupo.

Como las dimensiones del Reino del Pan Útil eran mucho mayores que las del Reino del Pan Existente, el tiempo que les tomó la exploración de todo el redondel fue bastante prolongado.

Sin embargo, la perseverancia rindió sus frutos y un buen día Dux y su colectivo encontraron lo que andaban buscando: un enorme portón de hierro en el que podía leerse:

Entrada exclusiva para quienes aspiran a algo más que seguir
comiendo pan en el Reino del Pan Útil.

Entonces voltearon a verse entre sí, sabiendo que era el momento de tomar una decisión. Dux los persuadió a que siguieran el camino todos juntos, pero fue en vano, ya que de las seis personas beta, solo cinco aceptaron continuar; de las trece personas gama, solo cuatro dijeron que seguirían, y por supuesto, ninguna de las cinco personas delta se atrevió a correr el riesgo de proseguir.

Rápidamente se despidieron y el grupo encabezado por Dux ($1\alpha + 5\beta + 4\gamma + 0\delta$) abrió el portón de hierro y comenzó a avanzar por un oscuro túnel, seguido de algunos curiosos pájaros...

REFLEXIONES PERSONALES

- ¿Qué significa en tu realidad el pan útil? ¿Puedes dar un par de ejemplos concretos?
- Menciona a tres personas que consideres habitantes del Reino del Pan Útil.
- ¿En qué te pareces a ellos? ¿En qué te diferencias?
- ¿Te visualizas como habitante del Reino del Pan Útil? ¿Por qué?
- ¿Aspiras a algo más que seguir comiendo pan útil? ¿Con qué finalidad?

El Reino del Pan Verdadero

Una vez que las diez personas del grupo $(1\alpha + 5\beta + 4\gamma + 0\delta)$ atravesaron la frontera, se cerró tras de sí el portón de hierro y prosiguieron su camino en medio de la oscuridad, hasta que la senda se iluminó y les permitió distinguir un letrero que decía:

Bienvenidos al Reino del Pan Verdadero,
en donde cultivamos el valor de la verdad, aquello que hace
que tengamos mayor conocimiento y podamos tomar
mejores decisiones.

Las personas y los pájaros avanzaron y llegaron a una escalera que los condujo al jardín de una universidad, en donde los recibió una banda colegial formada por muchas personas y muchos pájaros que habitaban el Reino del Pan Verdadero; y de inmediato se sintieron felices.

Una persona investigadora tipo beta de este nuevo reino se encargó de darles la bienvenida oficial y de recordarles tanto su compromiso con el enunciado que habían leído al ingreso del Reino del Pan Verdadero, como la libertad de elección que cada uno tenía para decidir si permanecía toda su vida en ese lugar, o bien buscaba la puerta de entrada a un reino superior o la que conducía de regreso al Reino del Pan Útil.

Una vez concluida la ceremonia, los pájaros se dispersaron al instante, mientras que las personas recién llegadas comenzaron a explorar el redondel.

Motivados por el recuerdo de su incorporación al Reino del Pan Útil, Dux y su colectivo visitaron en primer lugar el mirador y disfrutaron la vista que les ofrecía.

En un primer nivel inferior al que se encontraban contemplaron una panorámica del Reino del Pan Útil, pero sorprendidos descubrieron que también era posible ver dos niveles abajo, en donde se apreciaba todo el Reino del Pan Existente.

Entusiasmados con esta situación, voltearon hacia arriba con el afán de encontrar el reino superior que les habían mencionado; sin embargo, por más que se esforzaron, sus ojos no lograron distinguirlo, razón por la que algunos comenzaron a dudar de que en verdad existiera tal reino.

Un poco decepcionados regresaron la mirada al Reino del Pan Útil, y al verlo desde las alturas confirmaron lo que habían experimentado en diversas ocasiones durante su estancia en ese reino: que todo funcionaba a la perfección, por lo que las metas establecidas eran alcanzadas sin problema.

Y entonces se cuestionaron si pudiera pedírsele a un reino algo más que lograr que todos sus habitantes tuvieran suficiente pan.

Una parte de la respuesta a esa pregunta podían contestarla con base en su propia experiencia pues, aun cuando ellos habían gozado todos los beneficios de vivir en el Reino del Pan Útil, libremente habían decidido abandonarlo ya que por más pan útil que pueda tener una persona, su felicidad será incompleta al darse cuenta de que en el redondel existen barreras que limitan su capacidad de desarrollo.

Por cierto, al observar con detenimiento a los pájaros, no se notaba ninguna diferencia respecto de su comportamiento en cualquiera de los tres reinos que hasta ahora conocía el grupo de

Dux; todo parecía indicar que para ellos daba exactamente lo mismo estar en cualquier reino, ya que su interés solo era comer pan.

Hablando de pan, cuando llegó la hora de la comida, Dux y su grupo decidieron buscar un lugar para alimentarse y localizaron un centro de investigación del pan que contaba con una pequeña sala de exhibición abierta al público.

Sin haberlo planeado, esa visita les ayudaría a encontrar la segunda parte de la respuesta a la pregunta que les había surgido en el mirador, respecto a que si podía pedírsele a un reino algo más que lograr que todos sus habitantes tuvieran suficiente pan.

Como la persona investigadora encargada del centro mostró curiosidad por los visitantes debido a que nunca los había visto en el reino, comenzó una cordial charla en la que el grupo de Dux platicó su historia, lo cual le dio la oportunidad a la persona investigadora de invitarlos a pasar al salón contiguo, en donde le emocionaba realizar una demostración a todos los nuevos habitantes del Reino del Pan Verdadero.

La explicación comenzó con una pregunta muy provocativa: ¿cómo pueden estar seguros de que lo que han comido a lo largo de sus vidas es pan verdadero?

Las reacciones del colectivo de Dux no se hicieron esperar y de inmediato hubo dos intervenciones: la primera de una persona tipo beta cuestionando si tenía algún caso invertir tiempo en responder esa pregunta, y la segunda de una persona tipo gama afirmando que era imposible que tantas personas y tantos pájaros hubieran sido engañados por tantos años.

La persona investigadora se veía feliz pues la pregunta que había formulado estaba cumpliendo con su objetivo. Esperó un momento y de manera pausada fue respondiendo a cada una de las dos intervenciones.

Sobre el cuestionamiento de la persona tipo beta, con referencia a que si tenía algún sentido responder a la pregunta que se había hecho, la persona investigadora dijo que, si los miembros del grupo todavía vivieran en el Reino del Pan Existente o en el

Reino del Pan Útil, no habría ninguna necesidad de contestar la interrogante, pero que, en virtud de que ahora se encontraban en el Reino del Pan Verdadero, era muy importante conocer la respuesta, entre otras razones, porque al ingresar a este reino se habían comprometido a adquirir un mayor conocimiento que los haría capaces de tomar mejores decisiones.

Y respecto a la afirmación de que era imposible que tantas personas y tantos pájaros hubieran sido engañados por tantos años, la persona investigadora invitó a pasar al frente a la persona tipo gama que había hecho el comentario, y tras colocar sobre la mesa una porción de comida, la retó a que le dijera al grupo de qué alimento se trataba.

La persona tipo gama jamás había visto una pieza de alimento tan grande, por lo que la observó desde distintos ángulos, enseguida partió un trozo, lo desmenuzó, lo revisó con minuciosidad, lo olfateó varias veces y finalmente lo probó.

Una vez que tragó el bocado, volteó hacia su grupo que guardaba silencio y le expresó con emoción que se trataba de pan y, por cierto, de uno de los mejores que había probado en su vida.

Las personas acompañantes, que tampoco habían mirado una pieza de pan tan grande, desbordaron su entusiasmo en una prolongada ovación.

La persona investigadora conocía bien esa reacción, que era normal en quienes llegaban por primera vez al Reino del Pan Verdadero, ya que, por razones prácticas, en el Reino del Pan Útil solo se producía alimento a granel, mismo que, como ya se mencionó, también era enviado a los depósitos del Reino del Pan Existente.

A continuación, la persona investigadora pidió que varios integrantes del grupo hicieran la misma prueba, y sin excepción concluyeron que se trataba de uno de los mejores panes que habían probado.

Por último, trajo una jaula con varios pájaros y los soltó sobre la mesa. De inmediato las aves se comieron las migajas que quedaban del alimento.

Después de la demostración, la persona investigadora formuló una pregunta similar a la original: ¿cómo pueden estar seguros de que lo que han comido en este momento es pan verdadero, si nunca en su vida habían visto una pieza completa de pan de este tamaño?

Las razones de los integrantes del grupo de Dux parecían ser muy buenas, puesto que afirmaron que el alimento que consumieron tenía la apariencia de pan, la textura de pan, el aroma de pan y el sabor de pan. Y, por si fuera poco, los pájaros lo habían devorado con singular alegría.

Entonces, la persona investigadora les reveló que el alimento que acababan de probar, y que de seguro habían comido muchas veces a lo largo de sus vidas, era una masa preparada a base de componentes sintéticos que de ninguna manera podía considerarse como pan verdadero, ya que, para que algo pudiera ser llamado de ese modo, debía ser un alimento sólido horneado compuesto por harina, agua, sal y, en la mayoría de los casos, levadura.

Todas las personas del grupo, incluyendo Dux, se quedaron sorprendidas pues, si bien en el Reino del Pan Existente y en el Reino del Pan Útil jamás les había faltado el alimento, de acuerdo con lo que acababan de descubrir, era muy probable que muchas veces hayan comido otra cosa distinta, en vez de pan verdadero.

Enseguida la persona investigadora les enseñó la manera de reconocer un pan verdadero y les aseguró que desde ese día sería imposible que se conformaran con imitaciones de pan.

Finalmente, les pidió que no olvidaran que algo que se ve como pan, se siente como pan, huele a pan y sabe a pan, no necesariamente es pan verdadero.

Aprendiendo de esa manera transcurrían los años en el Reino del Pan Verdadero y, al igual que en los reinos anteriores, al llegar el final de una era, algunas personas del grupo viajero cambiaron de tipo de acuerdo con la estadística, por lo que la nueva composición quedó así: Dux, cuatro personas tipo beta, cuatro personas tipo gama y una persona tipo delta ($1\alpha + 4\beta + 4\gamma + 1\delta$).

Y todos juntos seguían explorando el redondel en busca de la puerta al reino superior.

El tiempo que tardó su búsqueda fue más largo que la ocasión anterior porque el tamaño del Reino del Pan Verdadero era mucho mayor que el del Reino del Pan Útil, pero un día llegaron a los confines del redondel y encontraron un enorme portón de bronce en el que podía leerse:

> **Entrada exclusiva para quienes aspiran a algo más que seguir comiendo pan en el Reino del Pan Verdadero.**

Por tercera ocasión las personas integrantes del grupo de Dux tenían que tomar una decisión. La única persona tipo delta de inmediato dio un par de pasos hacia atrás en señal de retirada, seguida por tres personas tipo gama y una persona tipo beta.

De esta manera solo continuaron el camino cinco individuos: Dux, tres personas tipo beta y una persona tipo gama ($1\alpha + 3\beta + 1\gamma + 0\delta$), quienes abrieron el portón de bronce y comenzaron a caminar a través de un oscuro túnel, seguidos por algunos curiosos pájaros...

REFLEXIONES PERSONALES

- ¿Qué significa en tu realidad el pan verdadero? ¿Puedes dar un par de ejemplos concretos?
- Menciona a tres personas que consideres habitantes del Reino del Pan Verdadero.
- ¿En qué te pareces a ellos? ¿En qué te diferencias?
- ¿Te visualizas como habitante del Reino del Pan Verdadero? ¿Por qué?
- ¿Aspiras a algo más que seguir comiendo pan verdadero? ¿Con qué finalidad?

El Reino del Pan Bello

En cuanto las cinco personas del grupo ($1\alpha + 3\beta + 1\gamma + 0\delta$) abandonaron el reino previo, el portón de bronce se cerró a sus espaldas, y en medio de la penumbra continuaron su camino hasta que la luz apareció y les permitió distinguir un letrero que decía:

> Bienvenidos al Reino del Pan Bello, en donde cultivamos
> el valor de la belleza, aquello que hace que apreciemos
> y disfrutemos todo lo que nos rodea.

Después de leer el mensaje, las personas y los pájaros encabezado por Dux siguieron avanzando y encontraron una escalera que los condujo al vestíbulo de un museo, en donde varias personas y varios pájaros que habitaban el Reino del Pan Bello los recibieron con el acompañamiento de una orquesta de cámara; y de inmediato se sintieron felices.

En esta ocasión una persona artesana tipo beta se encargó de darles la bienvenida oficial y de recordarles su compromiso con el enunciado que leyeron a su ingreso al Reino del Pan Bello, así como de reiterarles la libertad que tenían para decidir permanecer toda su vida en ese sitio, o bien, buscar en el redondel la puerta de entrada a un reino superior, o la que conducía de regreso al Reino del Pan Verdadero.

Cuando terminó la ceremonia, los pájaros se dispersaron al instante, mientras que las personas decidieron comenzar la exploración del redondel y conocer el museo al que habían llegado.

La primera sala de dicho museo tenía el nombre de Galería de la Repugnancia y estaba dedicada al pan existente.

En ella era posible encontrar más de diez variedades de pan, por supuesto todas a granel. En cada ficha informativa se podía leer la composición, la fecha en que la muestra había sido recolectada, así como una estimación del tiempo transcurrido entre el momento de su fabricación y su probable consumo, dato revelador que originó el nombre de la sala.

Para Dux y sus acompañantes de travesía no resultó sorpresivo conocer que todas esas variedades estuvieran elaboradas con al menos un elemento sintético distinto a la harina, al agua, a la sal y a la levadura, lo que las convertía en réplicas, no en productos auténticos.

A la vez les quedó muy claro lo afortunados que habían sido al abandonar el Reino del Pan Existente puesto que, aun cuando no podían quejarse de que durante su estancia les haya faltado lo necesario, ahora sabían que ese reino era incapaz de producir su propio pan, situación que provocaba que la mayoría de las veces dicho alimento no fuera auténtico, ni fresco.

La segunda sala del museo se llamaba Galería de la Abundancia y estaba dedicada al pan útil.

En este espacio se exhibían las mismas variedades de pan que en la sala anterior. La única diferencia consistía en que la apariencia de los alimentos de esta sala era mucho más radiante puesto que, como ya sabemos, el Reino del Pan Útil tenía sus propias fábricas y proporcionaba a sus habitantes alimento fresco a granel.

También se mostraba una semblanza histórica de las diferentes fábricas de pan que habían existido a lo largo de la historia, desde las más rudimentarias basadas en elementos primitivos que producían solo algunas piezas cada jornada, hasta las más sofisticadas que incorporaban tecnología de vanguardia, y de las que podían obtenerse varias toneladas de pan al día.

La siguiente sala, que estaba dedicada al pan verdadero, recibía el nombre de Galería de la Evidencia y todos los panes se exhibían en su forma original, es decir, en piezas completas.

Además, la ficha informativa de cada uno garantizaba su autenticidad como alimento elaborado con ingredientes naturales.

En este espacio se presentaba asimismo una gran cantidad de experimentos, tanto científicos como caseros, mediante los cuales una persona podía comprobar la legitimidad y la fecha de elaboración de un pan.

La última sala era la más amplia de todas; llevaba por nombre Galería de la Delicia y estaba dividida en dos secciones.

La primera albergaba una exposición permanente en la que se podía observar una colección de cientos de piezas de pan, de todas formas, colores y texturas.

Cada pieza tenía una ficha informativa en la que se narraba brevemente la biografía de la persona creadora, la región de procedencia, así como su forma de elaboración y las principales recomendaciones para su consumo.

En la segunda sección se presentaban exposiciones temporales en las que participaban diferentes personas creadoras de pan y en donde se podían degustar distintos panes recién elaborados por estas afamadas personas artesanas.

Dux y su grupo pasaron un buen rato en la Galería de la Delicia disfrutando la belleza de cada pieza expuesta, así como el inigualable sabor del pan, y llegaron a la conclusión de que, de ahora en adelante, les sería muy difícil conformarse con cualquier clase de pan, ya que no solo habían aprendido a distinguir las imitaciones, sino que además descubrieron que el gusto por la comida iniciaba desde mucho antes del primer bocado, al conocer el origen y la historia del alimento,; algo que estaban seguros de que los pájaros no podían comprender.

Debido a la gran variedad de experiencias estéticas que ofrecía el Reino del Pan Bello, por primera vez, a lo largo de su recorrido, el grupo encabezado por Dux tuvo deseos de quedarse a vivir en ese lugar para siempre pues, ¿qué más podían pedirle a la vida?

Y si a eso se le agregaba la enorme extensión que ocupaba el Reino del Pan Bello en comparación con los reinos anteriores, la búsqueda de la puerta que conducía a un reino superior de seguro les llevaría mucho más tiempo.

Sin embargo, y al principio un poco más por costumbre que por convicción, Dux y su colectivo siguieron con el hábito de explorar el redondel todas las tardes después de comer.

Llegó el final de una era y sucedió lo que ya había ocurrido en los reinos anteriores: la conversión de las personas a otro tipo, de acuerdo con la estadística, con lo que el nuevo grupo quedó integrado por Dux, dos personas tipo beta, una persona tipo gama y una persona tipo delta ($1\alpha + 2\beta + 1\gamma + 1\delta$).

Pasado un tiempo, y por más que Dux y su grupo seguían explorando, no conseguían llegar a la frontera del Reino del Pan Bello, por lo que comenzaron a dudar de que en verdad existiera un reino superior.

De hecho, visitaron todos los museos de aquel lugar y, por más que buscaron en las fichas informativas más recónditas, jamás encontraron alguna referencia sobre el supuesto reino superior, lo cual acrecentó su incertidumbre.

¿Y si todo el asunto del reino superior se tratara de una leyenda sin fundamento?

¿Valía la pena seguir recorriendo el redondel, en vez de establecerse para disfrutar por siempre todo lo que había en el Reino del Pan Bello?

¿Y si en verdad había un reino superior, en qué sentido sería superior si, hasta donde podían darse cuenta, en el Reino del Pan Bello todo marchaba a las mil maravillas?

Debido a estas inquietudes, había momentos en los que Dux ya no sabía cómo manejar la situación y cada vez tenía más dificultades para que sus cuatro acompañantes fueran a los recorridos que solía hacer por el redondel.

No obstante, tal como se acostumbraba a decir en aquellos reinos del pan: no había plazo que no se cumpliera, y sucedió un día que, después de mucho tiempo de explorar, explorar y explorar, Dux y su grupo encontraron un enorme portón de plata empotrado en la pared que marcaba el límite del Reino del Pan Bello, el cual tenía la siguiente inscripción:

Entrada exclusiva para quienes aspiran a algo más que seguir comiendo pan en el Reino del Pan Bello.

Aunque el encanto del hallazgo había entusiasmado al grupo, la persona tipo gama y la persona tipo delta juzgaron que no tenía caso cambiar todo lo que ya habían conocido del Reino del Pan Bello por algo que ni siquiera sabían de qué manera podía ser mejor, por lo que decidieron quedarse a vivir en ese lugar.

De esta forma, solo Dux y dos personas tipo beta $(1\alpha + 2\beta + 0\gamma + 0\delta)$ se atrevieron a abrir y a cruzar el enorme portón plateado, y comenzaron a caminar por un oscuro túnel, seguidos por algunos curiosos pájaros...

REFLEXIONES PERSONALES

- ¿Qué significa en tu realidad el pan bello? ¿Puedes dar un par de ejemplos concretos?
- Menciona a tres personas que consideres habitantes del Reino del Pan Bello.
- ¿En qué te pareces a ellos? ¿En qué te diferencias?
- ¿Te visualizas como habitante del Reino del Pan Bello? ¿Por qué?
- ¿Aspiras a algo más que seguir comiendo pan bello? ¿Con qué finalidad?

El Reino del Pan Bueno

El enorme portón de plata se cerró cuando terminaron de pasar Dux y sus dos acompañantes ($1\alpha + 2\beta + 0\gamma + 0\delta$), quienes siguieron avanzando por el túnel hasta que poco a poco la luz apareció y les permitió ver un letrero que tenía escrito:

> Bienvenidos al Reino del Pan Bueno, en donde cultivamos el valor de la bondad, aquello que hace que demos lo mejor de nosotros en beneficio de los demás.

Tras concluir la lectura, Dux y las dos personas tipo beta prosiguieron su camino hasta encontrar una escalera que los condujo al pórtico de una casa, en donde las personas y los pájaros que habitaban ahí los recibieron entonando una canción tradicional del Reino del Pan Bueno; y de inmediato se sintieron felices... pero no tanto como las otras veces.

Ahora la bienvenida oficial corrió a cargo de las personas responsables de la familia que los recibió, ambas de tipo beta, quienes también les recordaron que mientras permanecieran en el Reino del Pan Bueno debían comportarse de acuerdo con lo que habían leído a su ingreso.

También les hicieron saber que, al igual que en los reinos anteriores, gozaban de la libertad de quedarse a vivir en ese sitio, de seguir adelante en búsqueda de un reino superior, o de regresar al Reino del Pan Bello.

Cuando terminó la sencilla ceremonia, los pájaros recién llegados se dispersaron al instante, mientras que Dux y sus dos acompañantes se quedaron a platicar con las personas responsables de la familia, pues tenían dos dudas que querían aclarar.

La primera consistía en saber si de verdad existía otro reino superior, como les habían comentado hacía algunos instantes, o solo se trataba de una leyenda sin comprobación.

Esa inquietud se debía a que, en su experiencia, a medida que avanzaban a reinos superiores, el tiempo invertido en buscar la puerta de salida se había tornado cada vez mayor, lo cual desalentó a muchos de sus compañeros y propició que de cien personas que habían iniciado la aventura, solo quedaran ellos tres.

Las personas responsables de la familia les contestaron que hacía muchos años, ellos y otros residentes que seguían a una persona tipo alfa, habían encontrado una preciosa puerta de oro que era la entrada al reino superior, pero que en esa ocasión varios prefirieron quedarse, confiando en que más adelante volverían a localizar dicho acceso.

Sin embargo, a pesar de que en los siguientes años buscaron de nuevo cambiar de reino, nunca más hallaron la puerta, por lo que les recomendaron que no dejaran escapar su oportunidad si es que algún día la suerte les sonreía y les mostraba aquella entrada áurea.

La segunda duda se refería a si el Reino del Pan Bueno era en realidad superior al Reino del Pan Bello, puesto que, hasta donde abarcaba la breve experiencia de las personas recién llegadas, y sin menospreciar el cálido recibimiento que les prodigaron, la primera impresión que tenían es que las cosas eran mejores en el reino del que provenían.

Sin mostrar el menor signo de ofensa por lo que les dijeron, las personas responsables de la familia les mencionaron que justamente esa era la opinión de todos los que llegaban por primera vez al Reino del Pan Bueno, y les confesaron que ellos mismos habían pensado lo mismo cuando recién ingresaron a dicho reino.

A su entender, esa impresión negativa se debía a dos factores.

El primero consistía en que, hasta antes de cambiar de reino, todo recién llegado al Reino del Pan Bueno disfrutaba el singular encanto del Reino del Pan Bello, en el que jamás se descuidaba algún detalle que pudieran percibir sus habitantes.

Desde la vistosa ceremonia de bienvenida, que siempre se llevaba a cabo en el lujoso vestíbulo del museo, y que era amenizada por una orquesta de cámara, acto que contrastaba con la sencilla recepción en el Reino del Pan Bueno que se efectuaba en el pórtico de una casa particular, cuyos habitantes entonaban una canción popular, hasta el placer de saber de la existencia de una enorme variedad de panes y la posibilidad de degustarlos en el momento en el que se deseara.

Por tanto, era normal resentir el cambio.

Pero había que considerar que prácticamente todos los elementos del Reino del Pan Bello eran cuestiones basadas en la capacidad de disfrutar de cosas placenteras lo que, desde su punto de vista, sin duda era agradable, mas no suficiente.

El segundo factor que originaba un desencanto inicial del Reino del Pan Bueno, según las personas responsables de la familia, era la falta de conocimiento y sensibilidad respecto al término *bondad*.

Y casi leyéndoles la mente a Dux y a sus acompañantes, les plantearon una pregunta a manera de ejemplo: ¿acaso puede haber algo más bueno que disfrutar al comer un pan elaborado por una afamada persona creadora de pan?

Antes de que Dux y sus dos acompañantes beta pudieran responder que eso era imposible, las personas responsables de la familia les aseguraron que sí: que algo más bueno que disfrutar al comer un pan elaborado por un renombrado artesano panadero consistía en gozar al comer un pan hecho por alguien que nos aprecie.

Sin embargo, les aclararon que antes de ser capaces de saborear a plenitud un pan recibido en obsequio, debían ser capaces de gozar al regalar un pan confeccionado por ellos mismos.

Entonces las personas responsables de la familia le sugirieron a Dux y a sus seguidores que, por una temporada, en vez de salir a explorar el redondel del Reino del Pan Bueno en busca de un reino superior, acudieran a su casa para aprender a hacer el pan bueno.

Así fue como durante varias semanas la familia completa compartió con el grupo de Dux diferentes recetas, métodos de elaboración y secretos de terminado, hasta que fueron capaces de transformar los ingredientes naturales básicos: harina, agua, sal y levadura, en un alimento de una sola pieza, fresco y muy vistoso, mismo que comieron todos juntos en una amena tertulia, a la que incluso acudieron pájaros de los alrededores.

Al final de su aprendizaje, Dux y las dos personas tipo beta estuvieron de acuerdo en lo que algún día les habían dicho las personas responsables de la familia: la felicidad que se experimenta al saber que uno es capaz de elaborar pan para que otros puedan comer, no tiene comparación.

Justo de eso se trataba el compromiso que adquirieron al ingresar al Reino del Pan Bueno: dar lo mejor de sí en beneficio de las demás personas.

Llegó entonces el momento en el que Dux y sus acompañantes emprendieron la búsqueda de la puerta que los conduciría al reino superior, por lo que se despidieron de la familia que los había acogido y se enfilaron hacia los confines del redondel del Reino del Pan Bueno.

Mientras tanto, acaeció el término de una era y con ello la acostumbrada conversión estadística en la que una de las personas tipo beta se volvió gama, por lo que el clan quedó conformado por Dux, una persona tipo beta y una persona tipo gama ($1\alpha + 1\beta + 1\gamma + 0\delta$).

Y a pesar de que pasó mucho tiempo antes de que descubrieran la puerta que estaban buscando, jamás tuvieron que dar marcha atrás para conseguir pan como les había sucedido en todos los reinos anteriores, pues cuando se les terminaba el que llevaban, preparaban más, si no es que alguna otra persona les compartía del suyo.

Finalmente, un día encontraron lo que buscaban: un enorme portón de oro en el que muy claro se leía:

Entrada exclusiva para quienes aspiran a algo más que seguir comiendo pan en el Reino del Pan Bueno.

Y recordando lo agradable que había resultado la experiencia en compañía de la familia que les enseñó a elaborar el pan, una vez llegado el momento de las definiciones, la persona tipo gama les dijo que no seguiría con ellos, pues prefería quedarse a vivir en el Reino del Pan Bueno.

Dux y la persona tipo beta comprendieron perfectamente a la persona tipo gama, porque en sus corazones también existía un cariño muy especial por el reino que estaban a punto de abandonar.

Sin embargo, había otra fuerza en su interior que los impulsaba a seguir adelante y que estaban dispuestos a no ignorar.

Entonces las tres personas se dieron un prolongado abrazo fraterno, y enseguida Dux y la persona tipo beta ($1\alpha + 1\beta + 0\gamma + 0\delta$) abrieron el portón dorado y se internaron en un oscuro túnel, seguidos por algunos curiosos pájaros…

REFLEXIONES PERSONALES

- ¿Qué significa en tu realidad el pan bueno? ¿Puedes dar un par de ejemplos concretos?
- Menciona a tres personas que consideres habitantes del Reino del Pan Bueno.

- ¿En qué te pareces a ellos? ¿En qué te diferencias?
- ¿Te visualizas como habitante del Reino del Pan Bueno? ¿Por qué?
- ¿Aspiras a algo más que seguir comiendo pan bueno? ¿Con qué finalidad?

El Reino del Pan Eterno

El portón de oro se cerró en cuanto Dux y la persona tipo beta ($1\alpha + 1\beta + 0\gamma + 0\delta$) terminaron de pasar. Ambos continuaron su camino por el oscuro túnel hasta que, como en las ocasiones anteriores, les fue posible distinguir un letrero que decía:

> Bienvenidos al Reino del Pan Eterno, en donde cultivamos
> el valor de lo infinito, aquello que hace que reconozcamos nuestro
> tamaño real dentro del universo y busquemos nuestro propio
> perfeccionamiento para tratar de alcanzar la verdad,
> la belleza y la bondad absolutas.

Una vez que leyeron el texto, Dux y su acompañante caminaron hacia una escalera que los llevó al atrio de un templo que, por ser de noche, apenas se distinguía.

Esta ocasión no hubo bienvenida alguna, de manera que, en lugar de percibirse felices, se sintieron desconcertados. Por un momento pensaron en regresar al Reino del Pan Bueno, pero al ver hacia atrás se dieron cuenta de que la escalera había desaparecido.

De acuerdo con la lógica de los reinos anteriores, ya sabían que asumían el compromiso de atender el mensaje del letrero que leyeron a su ingreso, así como también suponían que tenían la libertad de quedarse, de regresar al reino anterior, o de buscar otro reino superior, si es que lo había.

A los pájaros que entraron con ellos pareció no importarles la ausencia de una bienvenida oficial y de inmediato se echaron a volar en medio de la oscuridad.

Dux y la persona tipo beta decidieron ingresar al templo en busca de alguien o de algo que pudiera orientarlos y justo a la entrada del recinto encontraron a una persona celebrante que los esperaba con una antorcha y que les pidió que lo acompañaran.

Mientras caminaban, la persona celebrante les hizo saber que quienes llegaban al Reino del Pan Eterno debían tomar con rapidez una importante decisión respecto a su futuro, no sin antes completar algunas enseñanzas.

De pronto, entraron a un salón en el que una de sus paredes estaba cubierta con una cortina, a la cual la persona celebrante les pidió que se acercaran.

Apagó la antorcha y recorrió despacio la cortina, poco a poco.

Ante los asombrados ojos de Dux y su acompañante, comenzó a revelarse un enorme observatorio desde el que podían contemplar hacia abajo una encantadora panorámica nocturna de todos los reinos.

Se trataba de una sensación inigualable y difícil de describir.

Durante un largo rato disfrutaron aquella imagen y su desconcierto inicial comenzó a cambiar por un estado de sosiego que jamás habían experimentado.

En ese momento Dux preguntó a la persona celebrante si aún existía un reino superior.

La persona celebrante les pidió que voltearan hacia arriba con el fin de que compararan el tamaño y la belleza de lo que habían visto en la parte inferior del observatorio, con lo que ahora les ofrecía la parte superior del mismo.

Los dos recién llegados siguieron las indicaciones y quedaron impresionados con la hermosura e inmensidad del firmamento...

y casi de inmediato comenzaron a comprender su pequeñez en relación co el universo.

Efectivamente, quizás existía no solo uno, sino muchos reinos superiores por explorar, pero según les afirmó la persona celebrante, hasta ahora nadie había podido localizar la puerta que conducía a esos horizontes, por lo que, para efectos concretos, el sitio en donde se encontraban era el más pleno de todos los reinos, pues era el único que contaba con el pan más perfecto de todos: el pan eterno.

Entonces la persona tipo beta preguntó si era posible conocer el pan eterno para constatar su nivel de perfección, y el celebrante respondió que sí, pero que antes debían hacer una recapitulación de su travesía, con el propósito de que tuvieran una idea más clara del valor de lo que les mostraría.

Les pidió que regresaran la mirada a la parte inferior de la ventana panorámica en la que se apreciaban todos los reinos, y que recordaran el lugar en el que habían iniciado su viaje: el Reino del Pan Existente.

Una vez ubicados mentalmente en ese sitio les reveló que la primera característica de un pan perfecto sería el que en realidad existiera, pues siempre es más perfecto lo que es, que lo que no es, y su experiencia les había demostrado que el pan a granel existía, por lo cual tenía un primer grado de perfección.

A continuación, les solicitó que recordaran el Reino del Pan Útil y les dijo que la segunda característica de un pan perfecto sería el que, en efecto, sirviera para lo que fue hecho, es decir, para alimentar a las personas y a los pájaros, pues si algo no funcionaba para lo que se le concibió, entonces no podía ser perfecto.

En este caso, el pan a granel del tipo que fuera, además de existir, servía como alimento, por lo que contaba con dos grados de perfección.

Enseguida se trasladaron con la mente al Reino del Pan Verdadero y la persona celebrante les aseguró que la tercera característica de un pan perfecto sería que fuera auténtico, no una imitación, por lo que a las piezas de pan que conocieron en ese reino se les podía atribuir tres grados de perfección: la existencia, la utilidad y la autenticidad.

En el siguiente paso de su razonamiento abordaron el Reino del Pan Bello, en el que la persona celebrante les comunicó la cuarta característica que debía reunir un pan perfecto: la belleza.

Y al recordar las piezas exhibidas en la Galería de la Delicia, que solo eran una muestra de lo que se producía en ese reino, Dux y su acompañante llegaron a la conclusión de que todas contaban con cuatro grados de perfección dado que existían, eran útiles, verdaderas y bellas.

El último lugar de su recorrido mental fue el Reino del Pan Bueno, y ya para ese momento del ejercicio no fue necesario que la persona celebrante les definiera la bondad como la quinta característica de un pan perfecto.

Dux y la persona tipo beta recordaron la felicidad que experimentaron al compartir con la familia anfitriona y los pájaros de los alrededores el primer pan que habían elaborado con sus propias manos, y que ahora sabían que contó con cinco grados de perfección, pues existió y fue útil, verdadero, bello y bueno.

¿Cuál sería entonces la siguiente característica que debía tener un pan perfecto?

Pues nada más y nada menos que la eternidad, es decir, que nunca se terminara.

De esta manera, la persona celebrante juzgó que los recién llegados estaban preparados para conocer el pan eterno, por lo que encendió la antorcha y los condujo a las entrañas del templo.

Cuando llegaron al sitio en el que simbólicamente se conservaba siempre iluminada por tres antorchas una pieza de pan eterno, Dux y su acompañante se quedaron atónitos, pues se trataba del pan más deslumbrante que jamás habían visto.

Y su admiración se convirtió en emoción a flor de piel cuando la persona celebrante los invitó a que, de manera cuidadosa, partieran un trozo del pan...

A que lentamente lo comieran...

Y a que fueran testigos de cómo el pan se regeneraba por sí mismo hasta adquirir de nuevo su forma original...

Sin duda, conocer y disfrutar un pan existente, útil, verdadero, bello, bueno y eterno se había convertido en la experiencia más plena de Dux y su acompañante, quienes irradiaban una imperturbable felicidad.

Pero aún les faltaba tomar una importante decisión...

REFLEXIONES PERSONALES

- ¿Qué significa en tu realidad el pan eterno? ¿Puedes dar un par de ejemplos concretos?
- Menciona a tres personas que consideres habitantes del Reino del Pan Eterno.
- ¿En qué te pareces a ellos? ¿En qué te diferencias?
- ¿Te visualizas como habitante del Reino del Pan Eterno? ¿Por qué?
- ¿Aspiras a algo más que seguir comiendo pan eterno? ¿Con qué finalidad?

Una importante decisión

Pasados unos instantes de embeleso que parecieron interminables, Dux y su acompañante tipo beta comprendieron que era el momento en el que debían tomar una importante decisión.

La persona celebrante les dijo que en el Reino del Pan Eterno solo había tres posibilidades para cualquier persona recién llegada, dependiendo de su edad y su experiencia.

En primer lugar, a las personas mayores se les sugería quedarse en el Reino del Pan Eterno hasta su muerte, desarrollando labores de servicio y preparándose para convertirse en celebrantes.

Por otra parte, a las personas jóvenes que se consideraban sin mucha experiencia se les recomendaba consagrarse como aprendices en alguno de los muchos templos del reino, en donde estarían bajo la mentoría de una persona celebrante experta, continuando así con su formación.

Mientras que a las personas jóvenes que se consideraban experimentadas se les animaba a viajar directo al Reino del Pan Existente y compartir todo lo que habían aprendido en su recorrido con un nuevo grupo de personas, a las que encabezarían buscando guiarlas hacia el Reino del Pan Eterno; por supuesto, respetando siempre la libertad de elección de cada individuo.

Antes de que la persona celebrante prosiguiera con la explicación, la persona tipo beta le manifestó su deseo de permanecer en el Reino del Pan Eterno y enseguida se despidió de manera emotiva de Dux y regresó al interior del templo en donde le sería asignada su persona celebrante mentora.

Una vez a solas con Dux, la persona celebrante le manifestó con toda honestidad que sin duda había llegado al Reino del Pan Eterno a partir de un esfuerzo personal digno de admiración, ya que previamente no sabía con exactitud cuál era el destino de su travesía.

Solo contó con actitud positiva, escuchó su voz interior e hizo lo que le pareció más adecuado en cada circunstancia. En otras palabras, su liderazgo fue completamente intuitivo.

Además, el elogio a Dux se debía a que, si bien pudo haber hecho el viaje sin compañía, gracias a su capacidad de conducción había logrado un buen resultado al provocar la superación de sus semejantes: todas las personas que, en diferentes proporciones, ascendieron de reino.

Dux le respondió a la persona celebrante que, si bien se encontraba feliz por haber llegado al Reino del Pan Eterno, no sentía una completa satisfacción con su papel de guía, pues del grupo original de cien personas solo dos habían arribado al destino final, por lo que estaba en la mejor disposición de emprender un nuevo recorrido en el que buscaría mejorar como líder.

Asintiendo de forma parcial, la persona celebrante le hizo ver con objetividad el resultado de su liderazgo, pues sin su acertada y oportuna intervención, el grupo original completo hubiera permanecido en el Reino del Pan Existente, ya que ninguno de sus integrantes habría tenido el valor suficiente para iniciar la exploración de ese primer redondel.

Pero gracias a su iniciativa, de los cien individuos originales, veinticinco avanzaron al Reino del Pan Útil, de los cuales diez ascendieron al Reino del Pan Verdadero, de los que cinco alcanzaron el Reino del Pan Bello, de los cuales tres progresaron al

Reino del Pan Bueno, de donde finalmente dos llegaron al Reino del Pan Eterno:

REINO	Alfa	Beta	Gama	Delta	Total
Existente	1	15	68	16	100
Útil	1	8	16	0	25
Verdadero	1	5	4	0	10
Bello	1	3	1	0	5
Bueno	1	2	0	0	3
Eterno	1	1	0	0	2

En adición a lo anterior, la persona celebrante señaló a Dux tres factores que sin duda le permitirían mejorar su capacidad de liderazgo en su siguiente recorrido.

En primer lugar, Dux ya conocía el destino, es decir, el Reino del Pan Eterno, lo que aumentaría las probabilidades de cumplir con su meta de llegar con más personas al final.

En segundo término, al saber de antemano el trayecto a recorrer por los diferentes reinos del pan y las dificultades propias de cada uno, Dux podría anticiparlas y lograr con mayor facilidad la conducción de un nuevo grupo.

Finalmente, después de haber desarrollado un aprecio por los cinco grados de perfección del pan, Dux había enriquecido su contenido personal, lo que le serviría como motivo de inspiración para los integrantes de su nuevo grupo.

Dux estuvo de acuerdo con lo que la persona celebrante le había dicho...

Meditó un momento...

Se despidió con agradecimiento...

Y con la mirada fija al frente, se encaminó para iniciar su viaje directo al Reino del Pan Existente.

FIN

SECCIÓN 7

TRASCENDENCIA: séptima dimensión del liderazgo

OBRA: *Mi líder favorito* (2014)

Introducción

¿Quién es tu líder favorito?

¿Es uno de tus familiares cercanos y aún vive? ¿Se trata de una figura histórica que ya murió? ¿Acaso es un personaje de alguna obra literaria o cinematográfica? ¿Qué tal una celebridad contemporánea?

No importa quién sea tu líder favorito, lo importante es el impacto de ese modelo de referencia en tu vida y en tu liderazgo.

Toma en cuenta que el factor que más impulsa o limita el liderazgo de una persona es su modelo de referencia y que todos tenemos uno que se erige en una imagen aspiracional a seguir.

Esta obra te ayudará a conocer a tu líder favorito —quien quiera que sea—, y te facultará para tomar una importante decisión: ¿quién debe ser tu líder favorito?

¿Cómo lo lograremos? A través de dos vías:

1. Te compartiré mi propia experiencia sobre cómo encontré y decidí quién debía ser mi líder favorito.
2. Te plantearé algunas reflexiones para que valores a tu líder favorito y su pertinencia para tu propósito de vida.

Estás por comenzar una de las lecturas más provechosas de tu existencia, puesto que decidirás el modelo de referencia que más te conviene para lograr un liderazgo trascendente.

Recuerda la frase: "Dime qué líder te inspira y te diré cuánto podrás inspirar a los demás".

¡Recibe mis mejores deseos!

JOSÉ MANUEL VEGA BÁEZ

Parte I

Sin duda alguna, y como sucede en innumerables casos, mi madre fue la persona que más influencia ejerció en mis primeros años de vida. Como fui su primogénito, ella la profesó de manera amorosa y firme con la intención de formarme con rectitud, al tiempo que yo acepté y asimilé la mayor parte de esa influencia.

La mañana del miércoles 5 de diciembre de 1979 fue como cualquier otra. Todos en casa nos despertamos, aseamos, desayunamos y salimos a nuestras respectivas obligaciones: mis hermanos y yo a la escuela, y mi padre a su trabajo. La única diferencia consistió en que mi padre acompañaría a mi madre al hospital para una intervención quirúrgica relativamente sencilla.

Mi jornada estudiantil de ese día en la escuela preparatoria transcurrió sin mayor novedad, y al poco tiempo de haber regresado a casa, mi padre llamó pidiéndome que mi hermano de doce años y yo tomáramos de inmediato un taxi que nos trasladara al hospital, pues se habían presentado algunas complicaciones postoperatorias y mi madre estaba delicada.

Por su corta edad, en el nosocomio no le permitieron el acceso a mi hermano, así que sin su compañía me dirigí a la habitación que me indicaron. La puerta se encontraba abierta. Ingresé y al verme entrar, mi abuelo materno se levantó del sillón en el que estaba sentado, me abrazó y me dijo: "Dios me ha concedido el privilegio de llevarse a mi hija el día de mi cumpleaños". Por un instante permanecí aturdido sin poder creerlo. Enseguida fui presa de un incontrolable llanto...

Entre la multitud de personas que acudieron al velorio de mi madre, quien era una mujer muy reconocida y muy querida por sus labores altruistas, recuerdo con especial gratitud la visita de mi mejor amigo de la escuela preparatoria y su familia. Él me conocía como pocas personas y además de hacerme más ligero el traumático momento con su compañía, antes de despedirse me entregó una carta.

Manolo:

Espero que muy pronto, en una madrugada, cuando salgas de tu casa con tu pena, aspires el aire fresco de la mañana muy hondo y respires el perfume de una nueva esperanza...

No es bueno destruirse cuando se tiene que estar fuerte para darle la cara al futuro. Eso es lo que más debe importarte, porque en el futuro habrá más responsabilidades que en el pasado. Tu vida cambiará mucho, pero mientras más pronto aceptes el cambio, menos sufrirás para comenzar de nuevo.

Eres todo un hombre, sensato y sensible, y yo te admiro por eso. Sé que le has dado a la vida lo mejor que has podido darle, se lo has dado a tu familia, y a tu madre...

Ella se va con la satisfacción de saber que eres todo un hombre, sentimental, pero fuerte y sensato; un hombre a los diecisiete años. Ella lo sabe y no debes fallarle ahora. No debes fallarles a tu padre ni a tus hermanos que te necesitan más que nunca en la vida.

Yo respeto tu sufrimiento porque te estimo y porque me siento tan unido a ti y a tu familia, que con frecuencia me inunda ese mismo sufrimiento. Tú me conoces, siento algo y lo sabes, porque yo solo escribo cuando siento algo. Me duele. Tu familia ocupaba ya un lugar importante dentro de la mía...

Soy un amigo que te estima y que no te abandonará nunca, porque los amigos existen para compartir juntos los momentos felices y los momentos tristes durante toda la vida. Yo... quisiera atenuar un poco tu dolor de amor perdido, de carne viva y sensible. ¿Qué más puede ofrecerte un amigo ahora?

No estás solo, Manolo. No eres el único que inmóvil, detiene y fija su mirada en un punto para recordar un momento hermoso del ayer. No estás solo. Tienes a la gente que te ama y la tienes a ella entre esa gente...

Tenla siempre presente, porque estará a tu lado y contigo en adelante, cada día, en cada hecho de tu vida, en cada decisión, en cada lágrima, en cada risa. Ella será feliz con cada risa. Quiero decir que ella es feliz hoy cuando sonríes, y que está muy bien ahora.

¿Qué más puede decirte un amigo es este momento? Un amigo que te estima y que no te abandonará nunca. Un amigo que estará siempre a tu lado, cuando más lo necesites. *Carlos.*

Como era evidente, la imprevista partida de mi madre me había afectado gravemente y mi mejor amigo buscaba ayudarme en el proceso de superar la irreparable pérdida: "Mientras más pronto aceptes el cambio, menos sufrirás". Entonces, la decisión estaba en mis manos: ¿a cuál de esas dos influencias le permitiría tener más peso en mi vida cotidiana?

REFLEXIÓN

¿Quién es tu líder favorito? ¿Por qué?

Parte II

La influencia de la muerte de mi madre nubló mi visión por algunos meses, pero poco a poco la cercanía de mi mejor amigo de la escuela preparatoria, a quien había conocido un par de años antes en el equipo de ciclismo juvenil por el que ambos competíamos y al que coincidentemente también pertenecieron nuestros padres, fue ayudando a que comenzara a superar el difícil trance en el que me encontraba.

En esa etapa de mi duelo, el deporte se convirtió en el medio para seguir adelante, para tener un motivo al despertar y otro más al momento de dormir.

Los días pasaban con rapidez alternando horas de estudio y horas de entrenamiento, y esa vorágine de actividades me impedía cavilar sobre la sensible ausencia de mi madre y la gran congoja que me producía.

Mi inquieto espíritu competitivo me impulsaba a entrenar a conciencia tratando de llegar con la mejor preparación posible a las carreras, que casi siempre eran los domingos. De manera eventual lograba subir al podio de premiación, pero el cumplimiento de mi objetivo de ganar una competencia aún estaba en la lista de pendientes y mantenía ocupada mi mente diseñando la estrategia para conseguirlo y poder dedicárselo a ella, que nunca me vio triunfar a ese nivel.

Seis meses después del deceso de mi madre hubo una competición en la que me propuse vencer, pues me sentía completamente preparado en todos los sentidos y percibía que había llegado el momento de cumplir con mi meta. Sin embargo, una dolorosa caída provocada por otro de los corredores hizo que mi anhelado éxito de ese día terminara en el asfalto salpicado por mi propia sangre.

Lleno de rabia busqué desahogarme escribiéndole mis pensamientos a mi padre, que por haber sido ciclista me comprendería a cabalidad, y quien esa misma noche interrumpió mi ahogado llanto de frustración cuando entró a mi recámara y me entregó un sobre acompañado de un beso.

Manolo:

Quisiera decirte tantas cosas que no sé por dónde empezar. En primer término, te agradezco las líneas que me escribiste con tu corazón y que me permiten una vez más comprobar tu nobleza y el gran cariño que le mantienes a tus padres, al que espero nunca defraudar, confiando siempre en que Dios nos apoyará.

Incidentes como el de esta tarde los vas a encontrar en toda tu vida, porque recuerda siempre que la vida es una competencia y que algunas veces, aunque estemos lo mejor preparados, fallaremos porque se atravesó una causa fuera de nuestro control. Pero en estas situaciones la reacción más efectiva es levantarse y luchar más, agregando precisamente ese coraje que tú sentiste.

Créeme que estuve a punto de ir contigo en ese momento que me gritaste que ya no ibas a seguir compitiendo en el futuro y hacerte ver las cosas para tratar de convencerte de lo contrario, pero pensé que en esos instantes tu enojo era mayor y no ibas a escucharme, por eso preferí dejarte.

Solo le indiqué a tu hermano que fuera por tu ropa y no supe más. Yo supuse que te había encontrado y que los dos estaban en algún lugar escondido presenciando el final de la competencia. Después, cuando fui a buscarlos, me encontré a tu hermano y desconcertado me preguntó por ti.

También quiero decirte que tú y tus hermanos son la mayor responsabilidad que tengo y le doy gracias a Dios porque siempre recibo una buena respuesta de ustedes. Sé que, aunque estamos conscientes de la situación que Dios permitió en nuestras vidas, siempre existirán momentos difíciles en los cuales pensaremos que con la presencia y el apoyo de tu mamá podríamos resolverlos con más facilidad.

Pero, aunque físicamente ya no se encuentre a nuestro lado, quiero que tengas la misma certeza que yo: tu mamá siempre estará con nosotros y por esta razón, como tú dices, no la defraudaremos nunca.

Por último, hijo mío, quiero decirte que estoy completamente de acuerdo en que tu mamá ha sido lo máximo como mujer, hija, esposa y madre, pero piensa que todos tenemos que cumplir una misión en este mundo, que Dios nos señalará el camino y, que si es su voluntad, tú y yo hallaremos a la pareja que nos comprenderá, nos apoyará, nos amará y nos acompañará en el recorrido.

Te aseguro que esto no es fácil, y qué bueno que no sea así porque tú sabes que las cosas que más se dificultan son las que nos dan más satisfacciones. Primeramente Dios, tú encontrarás una mujer que será tu esposa y la madre de tus hijos, y el recuerdo de tu mamá permanecerá para siempre en tu vida.

Ojalá que todos esos conceptos tan sublimes que tienes acerca de tu mamá puedas compartirlos y cultivarlos con tus dos hermanos, ya que, como te das cuenta, por su edad aún no captan la magnitud completa de las cosas.

Manolo, como ya te lo he dicho, ahora además de tu padre quiero ser tu amigo, y que tengas la confianza de expresarme tus sentimientos como esta noche. Siempre trataré de corresponderte como te mereces.

Te quiero intensamente. *Tu papá.*

La vida me estaba enseñando que los momentos más difíciles para una persona son los que tienen que ver con las pérdidas, y que también se pierde cuando no puede lograrse el cumplimiento de un objetivo. "Levantarse y luchar más". Sonaba bien, ¿pero acaso sería tan sencillo volverlo realidad?

REFLEXIÓN

¿Cuál ha sido el logro más importante de tu líder favorito?

Parte III

De ninguna manera fue sencillo el cumplimiento de mi objetivo. Las heridas de mi cuerpo sanaron por completo, aunque dejaron cicatrices permanentes. Pero una vez recuperado me propuse trabajar con toda mi energía para honrar mi compromiso de ganar la competencia que anhelaba dedicarle a mi madre.

Lo difícil de conseguir mi deseo manifiesto radicaba en que, más allá de mi voluntad y entrega, estaban los demás ciclistas tratando de lograr exactamente lo mismo que yo. No obstante, eso era lo emocionante de la práctica deportiva de alto rendimiento, esfera en la que convergían talentosos atletas cuya contienda generaba un espectáculo no apto para cardiacos.

Todo sucedió un domingo soleado en un circuito urbano completamente plano, pero con dos peligrosas curvas en "U" a la izquierda que debían sortearse con habilidad en cada una de las veinte vueltas.

Ese caluroso día arrancó un numeroso pelotón y a lo largo del recorrido hubo varios intentos de fuga, pero solo prosperó uno en el que íbamos siete ciclistas a tope cuando faltaban cerca de tres kilómetros para la meta. Poco a poco nuestra ventaja sobre el grupo principal fue aumentando, y al escuchar la campana que indicaba la vuelta final, sabíamos que el vencedor sería uno de los que recientemente nos habíamos fugado.

Nuestro pequeño contingente comenzó a acelerar pues todos pretendíamos lograr una colocación frontal al tomar las dos curvas que nos faltaban. Al llegar al penúltimo retorno me encontraba en la quinta posición y en el momento en que me incliné a la izquierda para dar la vuelta sentí un toque en mi rueda trasera. Enseguida escuché cómo los dos ciclistas de atrás cayeron en la maniobra.

Este accidente me remitió al que había sufrido meses antes, por lo que mi reacción inmediata fue adelantarme al frente del grupo y tomar la última curva de la jornada en primer lugar, dando un cerrado giro de ciento ochenta grados con mi bicicleta inclinada a pocos centímetros del piso, del que salí para encarar el *sprint* final levantándome con furia sobre los pedales y venciendo a mis cuatro adversarios en un espectacular cierre.

La sensación de ese triunfo quedó grabada en mí, no solo por tratarse de mi primera victoria en alto rendimiento, o por haber cumplido con el compromiso que tenía pendiente con mi madre, sino sobre todo por la inesperada composición que esa tarde me obsequió el segundo de mis hermanos.

Manolo:
Hermano, tú has sido
un ejemplo para mí,
y aunque no puedo ser así,
trataré, así lo pido.
Te doy gracias por tu instrucción
y por apoyo darme,
que en más de una ocasión
sirvió para formarme.
Qué más te puedo pedir,
si todo lo que quisiera de ti
me lo has dado al vivir;

pido al Creador te conserve así.
Sigue adelante y triunfarás,
lograrás lo que gustes
y espero que me ilustres,
sé que no me defraudarás.
Recuerda, eres mi ejemplo. *Ángel.*

Esta serie de coplas escritas por un adolescente de escasos trece años me sacudió por completo y me hizo recordar algunas líneas de la carta póstuma que me dejó mi madre y que, en el esfuerzo por evitar remover mis dolorosos recuerdos, había archivado en el fondo de un cajón desde hacía varios meses.

Esa noche busqué como desesperado La Carta y después de leerla con atención, entre repetidos episodios de llanto, me recriminé por haberla olvidado durante tanto tiempo y me propuse seguirla al pie de la letra a partir de ese momento.

Por tanto, a mis dieciocho años, el día de mi primera victoria en el ciclismo de alto rendimiento se convirtió en una de las fechas definitorias de mi existencia, gracias a los versos escritos por mi hermano. Las frases: "Tú has sido un ejemplo para mí" y "Recuerda, eres mi ejemplo" provocaron que recordara La Carta y que me comprometiera de por vida con ella.

Sin duda fue una jornada de convergencias que abrió el paso a una nueva etapa de mi biografía. ¿Qué resultado obtendría al respetar un pacto vital en el que la autenticidad, el idealismo y la generosidad fueran los pilares fundamentales?

REFLEXIÓN

¿Quiénes han sido las personas más allegadas a tu líder favorito?

Parte IV

Mi vida cambió por completo desde el día en que decidí comprometerme con La Carta que me escribió mi madre antes de morir. Si bien lograr la convergencia de autenticidad, idealismo y generosidad en mi estilo de vida me costó trabajo, la congruencia entre mis pensamientos, mis palabras y mis acciones comenzó a llamar la atención entre las personas que me rodeaban, tanto en la familia, la escuela, el deporte y el grupo juvenil de crecimiento espiritual al que me integré.

En la familia me convertí en eslabón entre mi padre y mis hermanos, en la escuela gané mayor reconocimiento y aprecio, en el deporte conseguí triunfos individuales y varios premios con mi equipo siendo su capitán, mientras que en el grupo juvenil ingresé desde abajo y al poco tiempo ya era uno de sus dirigentes, lo que a principios de 1983 me valió recibir la oportunidad de formar mi propia célula de oración.

El grupo juvenil de crecimiento espiritual estaba integrado por células de oración de entre cinco y quince miembros que se reunían una vez por semana de manera independiente y que al congregarse todos los miércoles por la noche se constituían en la asamblea general, cuya asistencia era de más de un centenar de jóvenes, y en la que había espacio para la alabanza, la lectura, la reflexión y el acuerdo sobre los proyectos de labor social en hospitales, orfanatos, asilos, penitenciarías, etcétera, con lo que se buscaba tener congruencia entre la oración y la acción.

Cualquier joven podía incorporarse al grupo en cualquier fecha y se le asignaba una célula de oración, como fue mi caso. Pero también cada mes de enero se promovía un curso de iniciación, y con los participantes que lo completaban se formaban nuevas células. Así fue como a mis veinte años recibí gustoso la extraordinaria responsabilidad de liderar una célula de trece jóvenes de entre catorce y diecisiete años.

De cada uno de ellos aprendí muchísimo, pues por fortuna eran muy diferentes y eso enriquecía al grupo. Por mi parte, consideré que mi labor como guía consistía en lograr que estuviéramos comprometidos con el cumplimiento de objetivos comunes, a través de una experiencia convergente que nos facilitara la congruencia entre nuestras convicciones y nuestras obras, promoviendo siempre el desarrollo personal de todos.

Recibí muchas satisfacciones al constatar cómo poco a poco cada uno de los jóvenes de mi célula de oración se fortalecía en su individualidad, lo que naturalmente les brindaba la confianza necesaria para compartir el producto de su crecimiento con sus semejantes.

Hubo muchas experiencias en ese sentido y muchos testimonios de las mismas, de entre los cuales destaca una carta que me escribió una niña de quince años a los pocos días de mi cumpleaños.

Manolo:

No sé si todavía vendrá mucho al caso, pero te felicito porque has cumplido un año más y te deseo lo mejor.

¡Muchas Felicidades! Ya sé que es un poco atrasado, pero los buenos deseos que te tengo nunca se atrasarán, porque espero que siempre seas feliz y que sigas estando tan cerca de Dios como hasta ahora.

Hablando de Dios, te quiero agradecer por todo lo que has hecho por mí, le agradezco al Señor que te haya puesto en mi camino porque de no haber sido por ti, probablemente yo ya estaría fuera. Primero, tú me invitaste a la célula de oración a la que pertenecías, en la que me sentí muy bien y la cual me ayudó a tener más ganas de seguir en la asamblea general, lo malo fue cuando me empecé a enfermar mucho. Pero cuando me alivié y me estaba medio alejando del grupo juvenil, otra vez llegaste para invitarme ahora a tu propia célula de oración, en la cual realmente se siente el amor de Dios.

Te felicito, o más bien felicito al Señor, porque lo has hecho muy bien de líder de célula. Confío en que sigas jalándome las orejas cuando empiece a fallar y espero que también le sirvas a muchos otros de guía como lo has hecho conmigo hasta ahora.

Te agradezco el apoyo que me has dado siempre, especialmente hoy que me tocó presidir la asamblea general. Gracias por tu llamada previa, porque me ayudó bastante a calmarme y gracias también por los tips que me diste. Espero, como te dije por teléfono, que te sientas orgulloso, porque, te digo, de no haber sido por tus invitaciones a las células de oración, tal vez me habría alejado bastante, pero no, aquí estoy, metida en el grupo juvenil hasta el cuello y ¡presidiendo su asamblea general!

Espero que esto sirva de recompensa a todo el servicio que le has prestado al Señor y que estés muy contento de saber que alguien a quien tú has guiado, ya esté presidiendo la reunión de todo el grupo juvenil. Yo estaría feliz, por eso creo que tú también.

Te vuelvo a agradecer tu apoyo, no solo de hoy, sino de siempre, y espero responderte del mismo modo. Confío en que me digas sinceramente cómo salió la asamblea general de hoy y que me confirmes si tengo el carisma de la presidencia.

Otra vez, ¡felicidades y gracias! Te quiere, *Paty*.

Nadie en este mundo podría haber anticipado que esa niña de quince años transformaría por completo mi vida. "Espero que también le sirvas a muchos otros de guía". Palabras proféticas de una joven mujer que fortaleció mi congruencia, que tiempo después fue mi primera novia y que cinco años más tarde se convirtió en mi esposa. ¿Qué otros frutos llegarían a mi vida como consecuencia de mi compromiso con La Carta?

REFLEXIÓN

¿Qué pruebas de congruencia personal ha superado tu líder favorito?

Parte v

La congruencia de mi conducta con La Carta tuvo un momento culminante el sábado 16 de julio de 1988. ¡El día más feliz de mi vida! Me levanté y fui a la estética, me arreglé y acudí a la sesión de fotos. Más tarde el gran acontecimiento: la radiante novia y su entrada a la iglesia, el coro y sus cantos, los invitados y sus sonrisas, el padre Manuel y su homilía, el diálogo del compromiso y nuestra salida como esposos enmarcada por el *Aleluya* de Haendel. ¡Todo un magnífico sueño hecho realidad!

Desde entonces tuve la certeza de que, dependiendo de quién preguntara, aprendí a contestar de dos maneras diferentes. Mi matrimonio con Paty había sido: *1)* La bendición más grande que había recibido, o *2)* La mejor decisión que había tomado.

Pero sin importar cuál respuesta utilizara, Paty y yo teníamos muy claro que la ceremonia nupcial solo era el inicio de una travesía en comunidad que requería gran voluntad para lograr la sostenibilidad, entre otras razones, porque nos habíamos comprometido libremente a amarnos hasta que la muerte nos separara.

Este pacto de vida se volvió más amplio cuando nuestra comunidad familiar se enriqueció con el nacimiento de nuestros tres hijos: José Manuel (Sejo) el jueves 27 de julio de 1989, José Ricardo (Ricky) el miércoles 12 de mayo de 1993 y María José (Majo) el sábado 21 de septiembre de 1996.

Y una de las mejores evidencias del esfuerzo de sostenibilidad que hemos desarrollado en conjunto fue la publicación de nuestro hijo José Manuel en su blog cuando cumplió veinte años.

Recapitulación de mi década 2000-2009.

Son diez años, solo la mitad de los veinte que ya tengo. Pero fueron diez años siendo consciente y con un enorme crecimiento en muchísimos sentidos. Lo sé, en la primera década de vida suceden cosas en verdad asombrosas con cada uno de nosotros, pero son eventos que en general no recordamos, y que más bien nos dan las bases para lo que pasará después.

¿Qué tanto sucedió conmigo en este periodo? De forma demasiado breve, puedo decir...

En 2000 terminé cuarto grado de primaria y comencé quinto grado. En 2002 empecé la secundaria. En 2005 entré a la prepa, en 2008 a Ingeniería Biomédica y en 2009 me cambié a ITSE (Ingeniería en Telecomunicaciones y Sistemas Electrónicos).

A principios de la década fui llamado Sejo, y me agradó.

En estos diez años pude conocer a las personas más importantes de mi vida. Muchas gracias, amigos y familia; su compañía, cariño, apoyo, conversación, es genial.

Fui triatleta, ciclista y corredor. Me hice técnico en urgencias médicas básico de Urgemed. Comencé a aprender a bailar. Escuché la música, vi las películas y leí los libros que se convertirían en mis preferidos (hasta ahora, al menos). Me enamoré, desenamoré, fui cursi y también me deprimí. Tuve muchas y variadas experiencias de vida. Escribí, conocí el Internet, tuve varios blogs. Pasé por Windows, Mac OS X, y distintos sabores de Linux. Y, por qué no, por MySpace, hi5, Facebook, Twitter...

De solo saber aritmética, un poco de geometría, y encontrar inimaginable resolver sistemas de ecuaciones lineales (o bueno, problemas que los involucraban), pasé a conocer el álgebra, la trigonometría, la geometría analítica, algo de estadística y probabilidad, y, obviamente, cálculo. Me enteré de la física y de la química, y descubrí cómo cada vez era más fácil representarlas con matemáticas. Fue crucial notar lo asombroso de la biología a nivel celular y molecular. Filosofé, cambié de sistemas de "cosmovisión", consolidé mi idealismo. No olvidemos a las humanidades y ciencias sociales que contribuyeron a mi formación. Y, claro, aprendí a programar.

Si comparamos el que escribe esto al Sejo que apenas se acostumbraba a ese nombre, la diferencia sería abismal. Y solo han pasado diez años. Eso me motiva bastante: quiero que cuando termine esta década que empieza, pueda compararme con el que está escribiendo y encuentre una diferencia enorme. En principio no suena tan difícil, todavía hay demasiado por saber y aprender. En teoría, dentro de tres años y medio seré ingeniero, y aún tendré seis y medio para hacerme doctor. E incluso así conoceré muy poco. La idea es no cerrar la mente, y entonces aceptar nuevas experiencias y nuevas enseñanzas…

El panorama suena bastante bien.

Estos diez años han sido en esencia mi vida, la que recuerdo y de la que puedo hablar. Me detuve un poco para escribir este pequeñísimo texto que definitivamente en unos minutos no le hace honor a los más de cinco millones de los que consistió este periodo, pero no puedo esperar para regresar a vivir y cambiarme, moldearme, mejorarme. A ver qué pasa en estos próximos diez años (queramos o no, el sistema decimal impera), y/o en estos once (mientras el valor entero de mi edad en años se puede representar con cinco bits, je, je).

Les agradezco profundamente, y les mando buenos deseos. No solo en estas fechas hay que ser felices :)

Y pues ya, ja, ja… bye. *Sejo.*

Una de las mejores frases que había escuchado sintetizando el espíritu de la sostenibilidad humana rezaba: "El que deja de mejorar, deja de ser bueno". La Carta lo decía a su modo y Sejo lo expresaba a su manera: "Nuevas experiencias y nuevas enseñanzas".

¿Habría mayor satisfacción para los padres que observar cómo sus hijos se encaminan a superarlos?

REFLEXIÓN

¿Qué tan sostenible ha sido la labor de tu líder favorito?

Parte VI

La sostenibilidad del desarrollo de nuestra comunidad familiar siempre había sido manifiesta, al grado de que desde antes de alcanzar la mayoría de edad cada uno de nuestros tres hijos ya nos habían superado a Paty y a mí en diversos aspectos: Sejo con su sobresaliente capacidad intelectual y disciplina en la danza, Ricky con su gran talento deportivo e inteligencia emocional, y Majo con su extraordinaria facilidad de liderazgo y aptitud culinaria.

Algunas personas nos felicitaban afirmando que nos habían tocado excelentes hijos, otras lo hacían porque aseguraban que habíamos sido buenos padres, mas nosotros pensábamos que únicamente habíamos cumplido con el compromiso que asumimos desde novios inspirado por La Carta: que la formación de nuestra comunidad familiar sería la prioridad más importante de nuestras vidas. Y nos satisfacía percatarnos de que en los hechos nuestros tres hijos eran auténticos, idealistas y generosos.

Pero si bien siempre agradecimos las felicitaciones de terceros, nada podía compararse con la congratulación de cumpleaños que recibí el 18 de agosto de 2013 de parte de Ricky, de entonces veinte años, quien desde sus dieciocho vivía fuera de nuestra casa dedicado al deporte del triatlón en el Centro Nacional de Alto Rendimiento (CNAR).

¡Felicidades, pa!

En los cumpleaños se acostumbra a pasar el día con la familia, comiendo pasteles y dando regalos al que celebra un año más de vida. Este cumpleaños no puedo estar contigo ni darte algún objeto, pero no se necesita eso para agradecerte todo lo que has hecho por mí, la familia, los demás, o el mundo mismo.

Recuerdo en la primaria que a veces nos llevabas de la escuela a la casa para comer y de ahí bajar a entrenar. Tengo pocas remembranzas de lo que platicábamos ya que normalmente nos dormíamos en el camino, pero cuando charlabas y estábamos despiertos, escuchábamos con atención todo lo que decías. De lo que más me gustaba escuchar era de tu vida como niño y joven, ya que de adulto creía conocerla.

¿Cómo es que el hijo de un niño que vendió periódicos en la calle pudo llegar a ser mi papá y yo ni siquiera puedo pensar en tener un empleo como ese? Esa pregunta no sé cómo o cuándo me llegó, pero la tengo muy presente cuando veo a un niño en la esquina vendiendo el periódico como lo hizo Tito alguna vez.

Tu forma de ser joven, estudiando, entrenando y cuidando en parte a tus hermanos con Tito, se me hace admirable. Tal vez no recuerdo ahorita cómo estuvo todo y seguramente tengo algunos momentos de tu vida confundidos, je, je, pero ya habrá chance de conocer detalles luego. A lo que voy es que desde ese entonces ya eras un gran líder, dando el buen ejemplo a las demás personas, empezando por tus hermanos.

Tampoco recuerdo en qué momento pasé de verte como "mi papá es normal" a lo que realmente eres: "mi papá es el mejor de todos". Supongo que al conocer a más papás de amigos y ver que simplemente no eran como tú, que no daban buen ejemplo en todo lo que hacían, que no se dedicaban a tope en todo... Podían ganar más dinero o qué sé yo, pero simplemente no eran la clase de persona a quien quisiera imitar y ser como ellos de grande. No sé cuándo lo decidí, pero sé que quiero ser una persona como tú cuando crezca, hablar de valores, enseñar la forma de transmitir los conocimientos y también la manera de inspirar a la gente.

Las personas dicen que eres serio cuando te conocen, yo les digo que más bien te sabes comportar de acuerdo con la situación, ya que podemos estar molestando a mamá, je, je, o haciendo bromas entre nosotros, pero cuando hay que estar serio frente a cientos de personas, también lo estás; si tienes que hablar con alguien formal de manera no formal, o al revés, de cualquier modo, te sabes comunicar como no he visto a alguien hacerlo. Eso es una. Y la otra, que siempre tienes más qué decir de lo que dices; me he dado cuenta de que tu mente ve más de lo que realmente expresas. Eres reservado en ese sentido, pero lo que analizas a detalle y compartes me asombra al darme cuenta de cómo se puede ver todo desde diferentes puntos de vista y mucho más completo.

Me preguntan muy seguido qué tanto he cambiado estando en el CNAR y contesto lo de siempre: que puedo entrenar más y mejor, comer más y mejor, descansar más y mejor... Cosas del deporte y eso. Pero hace unas semanas que me volvieron a preguntar, pensé en que ha cambiado la forma de ver a mi familia... Hablemos de ti que es por quien escribo ahorita, je, je. Te puedo ver desde otro punto de vista, puedo verte como la gente te ve de lejos, y simplemente te he admirado más estando dentro del CNAR que a tu lado. El ver de lejos todo lo que haces y saber todo lo que haces por nosotros, por nuestro bien y, además, todo lo que haces por la demás familia, por el deporte, por la educación, por la comunidad, incluso por la población mundial con tus libros... Simplemente ¡guau!

Con los libros que me recomiendas leer, termino y digo: yo he leído unos veinticinco (me parece que quince electrónicos, je, je) estando dos años en el CNAR. En tus cincuenta y un años que cumples hoy, debes de haber leído muchísimos libros, ni se diga artículos y revistas. Simplemente toda la información que tienes acumulada y analizada para ver el mundo como lo ves, ha hecho que crezcas como persona día con día, y con eso, nos hagas crecer como personas a nosotros, como familia, y que podamos ir formando una comunidad mejor.

El que yo haya empezado a escribir todos los días fue un reflejo de lo que tú haces; lo que yo hago por supuesto que no se compara con lo que tú haces, pero es un intento de aprender poco a poco a plasmar palabras que de alguna forma puedan transmitir un buen mensaje para todos y que la gente vaya mejorando en cada aspecto; que se desarrolle. Entonces por ti, estoy escribiendo esto, je, je; es un regalo de ti para ti, je, je. Escribir me ha dado varias herramientas para crecer como atleta. Saber desahogar las palabras de la mejor manera no solo me hace mejor persona, sino que, al releer las palabras escritas, puedo darme cuenta incluso de algún error que cometí en mi vida.

Intento ver hacia atrás y analizar la manera en que nos educaste... No fue muy dura, pero tampoco blanda. Supiste formarnos, junto con mamá, de la mejor manera para siempre luchar por lo que queremos, sin haber sueños imposibles: todo se puede lograr. No es fácil conseguirlos, vamos a tener obstáculos, y si no se logran, se aprendió, pero todo en la vida tiene un objetivo, que es lo que buscamos día a día de diferentes formas: Sejo bailando, yo entrenando y Majo dirigiendo en sus cosas... Pero estoy seguro de que siempre vamos a la cama cumpliendo ese objetivo: ser felices.

Has formado mejores personas, que luchan por lo que quieren, que disfrutan el camino, que aprenden del mismo y de sí mismos. No solo has formado a nosotros tus hijos o has ayudado a mamá a ser quien es, o a cientos de alumnos, o a miles de fans que tienes en las redes sociales y que han leído tus libros; primero has formado al mejor papá de todos. No solo yo lo agradezco, lo agradece el mundo.

Lo que has hecho por mí... pufff. Si no me hubieras llevado a ver a Sejo a ese triatlón del Club France no me habrían dado ganas de competir el siguiente año. Sin ti no estaría en el triatlón, sin ti no sería simplemente yo. Te amo, gracias por todo y que vivamos muchos más años como somos. :D *Ricky*.

Con toda seguridad cualquier padre hubiera llorado de alegría tanto como yo lo hice, pues esa felicitación contenía muchas frases que tocaban las fibras más sensibles de todo progenitor.

Pero, además, era muy significativo identificar en el escrito que Ricky se percataba de que, si bien era importante caminar al frente de un grupo, aún lo era más apoyar la formación de sus integrantes para que el día de mañana ellos pudieran guiar a sus propios grupos: "Transmitir un buen mensaje para todos y que la gente vaya mejorando en cada aspecto; que se desarrolle". ¿Cómo algo tan lógico y significativo podía estar tan claro en la mente de un veinteañero y muchas veces no en la mente de alguien mayor?

REFLEXIÓN

¿Cómo ha sido la formación de personas por parte de tu líder favorito?

Parte VII

El primer recuerdo que tengo de la menor de nuestros tres hijos, es que Paty y yo recibimos la noticia de su embarazo en los albores de 1996; uno de los momentos familiares más difíciles, producto de una situación laboral desafortunada. Una de esas etapas críticas, de sufrimiento imprevisto, profundo y prolongado, que no a todo mundo le tocan vivir, pero que en nuestro caso sirvió para templarnos y fortalecernos, algo que sin duda asimilamos desde antes de su nacimiento por la pequeña luz radiante que conoceríamos el 21 de septiembre de ese mismo año.

Desde su llegada al seno familiar Majo se encargó de revitalizarnos y nunca ha dejado de hacerlo: como bebé, como niña, como adolescente y como mujer joven. Además de que en mi caso completó el cuadro de grandes féminas que han apoyado mi desarrollo personal: mis abuelas, mi madre, mis tías, mi hermana, mis primas, mi esposa, mi suegra y mi muy querida hija, de quien recibí esta carta de cumpleaños.

Papá:

Hace casi un año que se fueron...

No voy a mentir y decir que ha sido un proceso fácil, pero en definitiva me ha hecho crecer mucho, madurar y darme cuenta de muchas cosas.

"No sabes lo que tienes hasta que lo pierdes".

Por suerte, no te he perdido (ni quiero pensar en hacerlo), pero no sabía lo que tenía contigo. Y no hablo solo de hace un año que todavía estaban aquí, sino desde que era niña...

Seguro desde antes de nacer.

Ahora entiendo que lo que hago el día de hoy me forma y prepara para lo que viviré mañana.

Agradezco que en tu infancia tuvieras hermanos y primos para jugar y divertirte, pero también que fueras el mayor y cargaras con ciertas responsabilidades (que probablemente no te correspondían pero que asumiste, y todos los demás animaban y lo siguen haciendo); que tuvieras una madre tan amorosa y fuerte, y un padre que se preocupara por proveer.

Agradezco ese momento en el que tuviste que ser fuerte, y lo fuiste, convirtiéndote en un pilar para tu familia y hasta para tu papá (otra responsabilidad que no te tocaba, pero que igual asumiste).

Agradezco tu crecimiento y formación en la fe porque, aunque tal vez no nos la compartías siempre, Dios nos ha cuidado gracias a ti.

Agradezco que conocieras a mamá, y que tener a esa mamá que tú tuviste, te ayudara a reconocer y admirar su fortaleza, valentía e independencia. Agradezco la paciencia y el amor que le has tenido siempre.

Agradezco también tu formación tanto académica (la cual admiro mucho), como deportiva y personal.

Agradezco que tuvieras un primer hijo al que le heredaste no solo el físico, sino la manera tan reflexiva de pensar.

Agradezco que tuvieras un segundo hijo al que le heredaste esas ganas de competir y superarse, pero también de ayudar a los demás.

Agradezco cada segundo de tu vida porque eso te llevó a ser mi papá, y la manera en la que lo has sido.

Nadie se salva. Todos hemos pasado momentos difíciles, hemos tenido que asumir responsabilidades que no nos corresponden, nos hemos sentido solos, pero créeme que cada una de tus batallas ha valido la pena.

Cuando hoy te pienso, no puedo hacerlo de otra manera que como un hombre con porte, sabiduría, liderazgo, fuerte y firme, pero que también da amor y se sabe divertir. No podría pedir más de la persona que más he admirado en mi vida. Gracias por siempre ser ese pilar para mí.

Es curioso, pero de pronto me llegan recuerdos.

Recuerdo, aunque probablemente tú no, y presumo, una vez que yo me sentía mal mientras estábamos en el supermercado y tú me compraste una dona a escondidas de los demás para verme mejor.

No sé por qué, pero de pronto me acuerdo mucho de cuando era chica y me cargabas, o cuando tenía miedo en las noches y tú me abrazabas.

Siempre me he sentido amada y protegida por ti.

Gracias porque, aunque me ha costado mucho, ahora me doy cuenta de lo que es tener un buen esposo para que sea un buen padre, y que no debo aceptar nada menos de lo que tú eres. Y de seguro costará trabajo encontrarlo, pero veo los frutos que has tenido, y que hemos tenido por ti, y no me cabe duda de que valdrá la pena.

Hoy celebramos tu vida. Todo lo que he mencionado, lo que no sé cómo decir. Todo lo que has sentido y vivido.

Quisiera estar a tu lado, pero a la vez me siento orgullosa de no estarlo, por todo lo que ha significado, por lo que dicen de ser un buen padre: nos diste raíces para crecer fuertes y alas para volar alto.

Gracias por todo lo que me has enseñado y me vas a enseñar. Gracias por inspirarme y darme tantas razones para admirarte. Gracias por llenarme de amor y comprensión. Gracias por ayudarme a construirme. Gracias por verme y aceptarme como soy. Gracias por tantos recuerdos. Gracias por siempre dar lo mejor de ti. Gracias por ser tú.

¡Te mando un fuerte abrazo lleno de amor! *Majo*.

Después de un testimonio como el anterior, ¿habría llegado el momento de compartir La Carta que propició todo esto?

REFLEXIÓN

¿Cuál ha sido la trascendencia de tu líder favorito?

Parte VIII

Como ya lo mencioné antes, Paty y yo hicimos desde novios un pacto inspirado por La Carta: que la formación de nuestra comunidad familiar sería la prioridad más importante de nuestras vidas, por lo que siempre tuvimos claro que la mayor contribución al mundo la realizaríamos con nuestra ofrenda de hijos auténticos, idealistas y generosos.

Es por ello que deseo que el juicio que se haga de mi persona sea con base en mis obras, y de entre todas las que he tenido la ocasión de edificar, sin duda la de mayor trascendencia ha sido la correspondiente a la formación de mis tres hijos. No hay más. Ellos llevarán de por vida una parte de mi propia vida, en la que he puesto mi mejor esfuerzo por honrar el compromiso que hice con La Carta: el documento que mi madre escribió días antes de su operación y que mi padre me entregó después del sepelio.

Manolo:

Hijo, al sentirme separada de los míos y ante la incertidumbre de si dejaré el hospital para reunirme con ustedes en la vida presente o quizás hasta la eternidad, el corazón me dicta estas líneas que espero te ayuden pues van envueltas en el dulce e inmenso amor que siento por ti.

Deseo que las leas y las leas hasta que en tu cerebro y en tu corazón queden de tal modo grabadas, que no haya nada, ni nadie, que pueda torcer o ultrajar el más preciado don de un ser humano: la dignidad.

Ante todo, tienes el ejemplo de tu padre que con honradez y dedicación logró conquistar un lugar respetable en la vida, después de luchar no solo contra la adversidad de su orfandad y escasos recursos, sino también cuando ya profesionista se enfrentó a los prejuicios sociales. Sé como él: un gigante; vence a todos y demuestra que para la inteligencia y la nobleza no hay obstáculo difícil de salvar.

Sé sincero, firme, leal, generoso y humilde. Ganarás en aprecio y no te faltará ayuda y cariño. Ve con dolor el dolor de los hombres que no se aman; por tanto, rodea tu vida de amor. No desdeñes el consejo de los viejos porque son sabios en cuestiones de la vida. Ten comprensión con el enfermo, tolerancia con el ignorante, ternura con el desvalido, pero nunca transijas con la maldad del canalla que deforma la verdad y la justicia por las que debes luchar.

Asegúrate de que tus hermanos encuentren en ti un modelo de vida para seguir. Eres el mayor de los tres y te corresponde poner todo tu empeño para que esto suceda. Confío en ti.

Cuando pienses entregar tu corazón y formar un santo hogar, hazlo con una mujer inteligente, llena de pureza, delicada y buena, que te sepa amar y respetar. Búscala, yo sé que hay. Pero no olvides que antes de aprender a amar, tienes que aprender a dar.

Que allá donde estés se ame y se respete a tu patria, porque tu conducta sea respetable. Y por haber tenido la gracia de nacer en un país libre y unido, tienes la responsabilidad de ayudar a mantener esa unidad y esa libertad por medios tranquilos. Pero no te asustes si es necesario morir luchando por defender a la Madre Patria que te dio el bendito nombre de mexicano.

Piensa siempre que no estás solo: tienes a Cristo, deposita en él toda tu confianza. Cultiva fervientemente la fe que heredamos de nuestros padres y abuelos. Es fe en Él, que todo lo puede; te dará la luz para comprender el amor y el dolor, el triunfo y el fracaso, la vida y la muerte…

Cuando esto suceda, aprenderás a no desesperar y serás un hombre. *Tu madre.*

La Carta no solo me ayudó a superar la traumática experiencia del fallecimiento de mi madre, sino que abrió mis ojos a una nueva perspectiva de vida encaminada a la trascendencia, en la que decidí que Jesús sería Mi Líder Favorito.

REFLEXIÓN

Considerando el tipo de líder que quieres llegar a ser, ¿quién debe ser tu líder favorito?

SECCIÓN 8

DE LA INFLUENCIA A LA TRASCENDENCIA

OBRA: *Jesús líder* (2020)

Prólogo

Muy apreciado lector:

Puede ser que ya nos conozcamos o que quizás este sea nuestro primer encuentro. En cualquier caso, agradezco en todo lo que vale el favor de tu atención.

La lectura de estas líneas demuestra tu interés por un tema apasionante e inagotable, y te pido que me permitas asentar desde ahora una noción fundamental:

**Líder es la persona que guía a una colectividad
en la conquista de un sueño
compartido.**

A partir de este concepto nos aproximaremos a Jesús de Nazareth, la persona con el máximo desempeño histórico en las siete dimensiones del liderazgo:

**Influencia, cumplimiento, convergencia,
congruencia, sostenibilidad, formación
y trascendencia.**

Lo anterior se comprueba al advertir que, con solo un puñado inicial de seguidores, en la actualidad un tercio de la población mundial se declara cristiana.

Sin duda que la figura de Jesús brinda innumerables ángulos de análisis, pero en esta obra nos centraremos exclusivamente en su labor como líder de un colectivo.

Entonces, nuestro objetivo será conocer sus principales enseñanzas en las siete dimensiones del liderazgo, las cuales podrás aplicar en cualquier organización humana.

Para ello, al final de cada capítulo encontrarás un apartado de reflexiones personales que, entre otras cosas, te pedirá que analices al líder que más te inspira.

Te aseguro que, si asimilas y pones en práctica cada una de las enseñanzas de *Jesús líder*, tu perspectiva se enriquecerá y beneficiará a tu colectivo y tu comunidad.

¡Ánimo y ACCIÓN!

JOSÉ MANUEL VEGA BÁEZ

CAPÍTULO 1

Influencia

La influencia es la primera dimensión del liderazgo
y todos somos capaces de influir con nuestras ideas,
nuestras palabras y nuestros actos.

El verbo *influir* proviene el latín *influere*, palabra que está formada por el prefijo *in*, que significa "hacia el interior", y por el verbo *fluere*, que quiere decir "deslizarse". Entonces, en el sentido de la convivencia humana, entenderemos que influir equivale a "deslizarse en la interioridad de alguien", acción que producirá un cierto efecto.

Y precisamente el ejercicio del liderazgo inicia con la capacidad para influir en otras personas. Esta influencia puede realizarse de manera involuntaria, pero en el liderazgo intencionado se lleva a cabo de forma deliberada. En cualquier caso, la persona que es receptora de la influencia tiene la libertad de aceptarla o de rechazarla, por lo que quien genera la influencia debe estar preparado para manejar diferentes escenarios...

1ª enseñanza de Jesús líder

Jesús se puso a enseñarles muchas cosas por medio de parábolas. Al narrar una de ellas, les decía: "Pongan atención. Un sembrador salió a sembrar. Al esparcir las semillas algunas cayeron junto al camino y las aves llegaron y se las comieron. Otras cayeron en un terreno rocoso, sin mucha tierra. Pronto germinaron, porque la tierra no era profunda; pero como no tenían raíces, cuando salió el sol ardiente, las marchitó y murieron. Algunas semillas cayeron entre espinos que, al crecer, ahogaron las plantas y no pudieron dar frutos. Pero algunas de las semillas cayeron en buena tierra y brotaron, crecieron y produjeron treinta, sesenta y hasta cien semillas por cada una sembrada".[1]

Esta historia deja en claro que, pese a las mejores intenciones del líder al momento de esparcir una influencia deliberada, se trata de un proceso en el que intervienen dos voluntades: la del emisor y la del receptor, de modo que el resultado no siempre será el originalmente deseado.

El escenario más adverso ocurre cuando el emisor le brinda al receptor varias oportunidades para asimilar su influencia sin que se presente una reacción favorable, lo que al final le confiere el derecho de tomar medidas drásticas...

2ª enseñanza de Jesús líder

Entonces les contó esta parábola: "Un hombre tenía plantada una higuera en su viñedo. Cuando fue a buscar fruto en ella, no encontró nada, así que le dijo al que cuidaba el viñedo: 'Por tres años he venido a buscar fruto en esta higuera, y no he encontrado ninguno. Por tanto, córtala para que no siga ocupando terreno'. El que cuidaba el viñedo le respondió: 'Señor, déjala todavía un año más. Yo moveré la tierra a su alrededor y le echaré abono. Tal vez así dé fruto. Y si no da, córtela'".[2]

Ahora bien, para aumentar las probabilidades de éxito, es decir, para lograr que la influencia deliberada genere con más facilidad el efecto que se busca, la persona que ejerce la influencia debe atender dos cuestiones: 1) asegurarse de que los receptores de la influencia sean "buena tierra" para sus propósitos, y 2) incluir en el mensaje de la influencia una perspectiva que resulte a la vez atractiva y creíble al receptor...

3ª enseñanza de Jesús líder

Un día, caminando Jesús a orillas del lago de Galilea, vio a dos pescadores que tiraban la red al agua. Eran Simón, mejor conocido como Pedro, y Andrés, su hermano. "Síganme y los convertiré en pescadores de hombres", les dijo Jesús. Inmediatamente dejaron la red y lo siguieron. Un poco más adelante vio a otros dos hermanos, Jacobo y Juan, que estaban sentados en una barca, con Zebedeo su padre, y remendaban las redes. Cuando Jesús los llamó, dejaron a su padre a cargo de lo que estaban haciendo y siguieron a Jesús.[3]

En este pasaje se ejemplifican a la perfección las dos recomendaciones hechas: *1)* la búsqueda de receptores adecuados a la influencia: se trataba de personas conocedoras de su oficio, que fueron encontradas en plena acción, y *2)* la presentación de una perspectiva atractiva y creíble: estas personas se sintieron cautivadas con la idea de evolucionar de ser pescadores de peces a convertirse en "pescadores de hombres".

Pero el asunto no termina ahí, pues en cuanto una persona se percata de que es capaz de ejercer deliberadamente una influencia positiva sobre sus semejantes, debe avanzar a un siguiente nivel...

4ª enseñanza de Jesús líder

"Ustedes son la luz del mundo. Una ciudad asentada sobre un monte no puede esconderse. Nadie enciende una lámpara para esconderla bajo un cajón, sino que la pone en alto para que alumbre a todos los que están en la casa. ¡Así dejen ustedes brillar su luz ante toda la gente!"[4]

Entonces la influencia positiva es como una luz que debe irradiarse a otras personas y, para que esto suceda de la mejor manera, es responsabilidad de quien la ejerce perfeccionar esta capacidad y ponerla al servicio de los demás.

CONCLUSIÓN

Podemos afirmar que el buen liderazgo se construye a partir del desarrollo de la habilidad para influir de manera deliberada y positiva en otras personas.

REFLEXIONES PERSONALES

– ¿Sabes en qué facetas de tu vida eres capaz de ejercer deliberadamente una influencia positiva?
– Piensa en el líder que más te inspira. ¿Por qué te inspira?
– ¿Cuándo y cómo recibiste por primera ocasión su influencia?
– ¿Te consideras buena tierra para sus enseñanzas? ¿Por qué?
– Para reforzar su influencia, ¿cuál fue la perspectiva atractiva y creíble que te presentó el líder que te inspira?
– ¿En cuánto tiempo consideras que alcanzarás esa perspectiva? ¿Por qué?
– ¿Qué planes tienes para perfeccionar tu habilidad de influir de manera deliberada y positiva en tus semejantes?

CAPÍTULO 2

Cumplimiento

*La responsabilidad más importante que debe asumir un líder
es el cumplimiento de la meta de su colectivo.*

Una vez que se toma la decisión de ejercer influencia de manera deliberada, el liderazgo puede observarse y evaluarse a partir de otras dimensiones; por ejemplo, en la capacidad de cumplimiento de las metas, conformando un colectivo de personas identificadas con la causa primaria.

De lo anterior resulta evidente que la influencia deliberada debe estar orientada por una misión, que es la que le brinda sentido al esfuerzo del líder y su colectivo. En otras palabras, todo el mundo debe estar cierto sobre lo que se persigue con el trabajo en conjunto...

5ª enseñanza de Jesús líder
Jesús les dijo: "Vayan por todo el mundo y anuncien las buenas nuevas a toda criatura".[5]

La misión es una frase corta que sintetiza el propósito final de una agrupación y que no deja lugar a dudas de lo que se pretende conseguir. Entonces, la primera responsabilidad de un líder es lograr que su colectivo conozca y cumpla con la misión encomendada.

Una vez identificada la misión, se necesita integrar a las personas más adecuadas para que dicho propósito pueda ejecutarse de la mejor manera. Esta es una de las labores más importantes y delicadas del ejercicio del liderazgo...

6ª enseñanza de Jesús líder

"Ustedes no me escogieron a mí, sino que yo los escogí a ustedes, y los he mandado para que vayan y den fruto, un fruto que dure para siempre".[6]

Después de la misión, la identidad constituye el fundamento más importante de cualquier grupo humano puesto que precisa su esencia, es decir, su manera de ser y de actuar. Es indispensable que la identidad se encuentre definida con claridad, que sea pertinente a las circunstancias vigentes, que sea conocida por todos los interesados y que siempre sea respetada. Una identidad robusta reporta varios beneficios:

1. Establece las prioridades del colectivo...

7ª enseñanza de Jesús líder

"Señor, ¿cuál es el mandamiento más importante de la ley de Moisés?" Jesús respondió: "Amarás al Señor tu Dios con todo tu corazón, con toda tu alma y con toda tu mente. Este es el primero y el más importante de los mandamientos. El segundo es similar: amarás a tu prójimo con el mismo amor con que te amas a ti mismo".[7]

El texto es muy claro y no deja margen de error al señalar qué es lo más significativo.

2. Determina cómo debe ser el trato entre los integrantes del colectivo...

8ª enseñanza de Jesús líder

"Les doy este mandamiento nuevo: que se amen unos a otros. Así como yo los amo, ustedes deben amarse unos a otros. Si se aman unos a otros, todos se darán cuenta de que son mis discípulos".[8]

Un elemento esencial que diferencia a esta agrupación de otras es el amor, particularmente entre sus integrantes, lo cual dará testimonio de su naturaleza.

3. Especifica los alcances del compromiso personal con el colectivo...

9ª enseñanza de Jesús líder

"El que no está a mi favor, está en contra de mí. Y el que no recoge conmigo, desparrama".[9]

Esta sentencia establece con toda claridad que el compromiso que se espera de los miembros de este colectivo es total: o se está al cien por ciento, o no hay manera de pertenecer a su grupo.

4. Disuade el ingreso al colectivo de candidatos inadecuados...

10ª enseñanza de Jesús líder

Cuando iban por el camino, alguien le dijo: "Te seguiré a dondequiera que vayas". Jesús le respondió: "Las zorras tienen guaridas y las aves tienen nidos, pero el Hijo del hombre no tiene ni dónde recostar la cabeza". En otra ocasión, a otro le dijo: "Sígueme". Él le contestó: "Señor, primero déjame ir a enterrar a mi padre". Jesús le respondió: "Deja que los muertos entierren a sus propios muertos. Tu deber es ir y anunciar el reino de Dios". Otro le dijo: "Señor, yo te seguiré, pero primero déjame ir a despedirme de mi familia". Jesús le respondió: "El que pone la mano en el arado y vuelve la vista atrás no es útil para el reino de Dios".[10]

Cuando la identidad de una agrupación es robusta, resulta muy sencillo discernir quiénes son los candidatos aptos para integrarse al grupo, al tiempo que también se vuelve muy fácil darse cuenta de los candidatos impropios.

CONCLUSIÓN

La identificación de la misión, la integración de los miembros del colectivo y la definición de la identidad son fundamentales para lograr el cumplimiento del propósito grupal.

REFLEXIONES PERSONALES

- ¿Qué tan capaz eres para cumplir con las metas que te propones y cómo reaccionas si no las consigues?
- ¿Cuál ha sido la meta más importante que ha conquistado el líder que te inspira?
- ¿De qué forma ha integrado a las personas que lo apoyaron en el cumplimiento de esa meta?
- ¿Qué elementos definirían la identidad del colectivo del líder que te inspira?
- Si estuviera en tus manos la definición de la identidad de tu organización, ¿qué elementos incorporarías?
- ¿Qué cualidades personales debería tener alguien para convertirse en colaborador tuyo?
- ¿Qué planes tienes para perfeccionar tu habilidad de cumplir con las metas propuestas?

CAPÍTULO 3

Convergencia

*La clave para un liderazgo convergente es fomentar
y conseguir unidad en la diversidad.*

Cuando ha quedado claro que el cumplimiento de las metas es la primera obligación del líder, la siguiente dimensión para evaluar el liderazgo es la conducción de los seguidores, en la que debe procurarse la convergencia, de modo que el proceso se convierta en una experiencia edificante para todos los integrantes.

Para lograr lo anterior es fundamental evitar o, en su caso, atender oportunamente cualquier fractura interna...

11ª enseñanza de Jesús líder
Jesús, que sabía lo que estaban pensando, les dijo: "Un reino dividido acaba por destruirse. Una ciudad o una familia divididas no pueden durar".[11]

Pero más allá de solo prevenir o solucionar cualquier división interna, debe fomentarse la unión entre los integrantes y quien los encabeza...

12ª enseñanza de Jesús líder
"Sigan unidos a mí, y yo seguiré unido a ustedes. Así como una rama no puede dar fruto por sí misma, separada de la vid, así tampoco ustedes pueden dar fruto si están separados de mí".[12]

Ahora bien, la mejor manera para que un dirigente consiga que sus seguidores estén unidos con él, es a través de la confianza, elemento que determina el grado de cohesión de cualquier agrupación humana: a mayor confianza, mayor cohesión, y viceversa. Por esta razón debe hacerse en esfuerzo constante para conquistar la confianza de los integrantes de un colectivo, a partir de la certidumbre que deben experimentar al pertenecer a él...

13ª enseñanza de Jesús líder

"No se angustien. Confíen en Dios, y confíen también en mí".[13]

Con el fin de cultivar la certidumbre entre los seguidores y lograr su plena confianza, es preciso conocer y dar respuesta a sus inquietudes más significativas...

14ª enseñanza de Jesús líder

"Por ello les aconsejo que no se preocupen por la comida, la bebida o la ropa. ¡Es mucho más importante tener vida y un cuerpo, que tener qué comer y qué vestir! Fíjense en los pájaros, que no siembran ni cosechan ni andan guardando comida, y el Padre celestial los alimenta. ¡Para él ustedes valen más que cualquier ave! Además, ¿qué gana uno con preocuparse?; ¿podemos acaso alargar nuestra vida aunque sea una hora? ¿Para qué preocuparse de la ropa? Miren los lirios del campo, que no tejen su propia ropa, y ni aun Salomón con todo su esplendor se vistió jamás con tanta belleza".[14]

Como resulta claro de los párrafos anteriores, la conquista de la confianza de los integrantes de un colectivo requiere un proceso de comunicación permanente, que debe ser adaptado de acuerdo con la audiencia...

15ª enseñanza de Jesús líder

Después, a solas con los doce y los que estaban alrededor de él, le preguntaron qué quiso decir con aquella parábola. Él les respondió: "A ustedes se les ha concedido conocer el secreto del reino de Dios; pero a los que están fuera se les dice todo por medio de parábolas".[15]

Este proceso de comunicación debe ser atendido con mucha diligencia, de modo que, además de incluir los mensajes que el líder quiera compartir con sus seguidores, siempre se resuelvan todas las inquietudes de la gente, en particular las referentes a lo que obtendrán a cambio de trabajar para el colectivo, las cuales representan una excelente ocasión para reforzar su motivación...

16ª enseñanza de Jesús líder

Pedro le dijo: "Pues nosotros hemos dejado todo para seguirte". Jesús le respondió: "Y yo les aseguro que todo el que haya dejado su casa, su esposa, sus hermanos, sus padres o sus hijos por causa del reino de Dios, recibirá mucho más en este tiempo, y en la vida venidera recibirá la vida eterna".[16]

Una última recomendación para la acertada conducción de un colectivo se refiere a cultivar la solidaridad al interior, ya que la fortaleza de cualquier agrupación está determinada por su integrante más débil, al cual debe identificarse y brindarle el apoyo que necesite...

17ª enseñanza de Jesús líder

Entonces él les contó esta parábola: "Supongamos que uno de ustedes tiene cien ovejas y una de ellas se le pierde. ¿No deja las otras noventa y nueve en el campo y se va a buscar la oveja perdida hasta encontrarla? Y cuando la encuentra, lleno de alegría la pone sobre sus hombros y vuelve a la casa. Después, reúne a sus amigos y a sus vecinos y les dice: 'Alégrense conmigo porque ya encontré la oveja que había perdido'".[17]

CONCLUSIÓN

Para lograr la convergencia de los esfuerzos de los integrantes de un colectivo es preciso fortalecer la unidad y la confianza, al tiempo de fomentar la comunicación, la motivación y la solidaridad.

REFLEXIONES PERSONALES

- ¿Eres competente para lograr la convergencia de los esfuerzos de los integrantes de tu colectivo?
- ¿De qué manera el líder que te inspira ha evitado la división interna y ha fortalecido la unidad de su colectivo?
- ¿Cómo el líder que te inspira se ha ganado la confianza de sus seguidores (incluyendo la tuya)?
- ¿Se ha ocupado el líder que te inspira de fomentar la solidaridad? ¿De qué forma lo ha hecho?
- ¿Qué tienes que hacer para que las personas que te rodean confíen más en ti?
- ¿Con quiénes se te facilita y con quiénes se te dificulta la comunicación? ¿Qué harás al respecto?
- ¿Crees que tus seguidores te consideran un buen motivador? ¿Qué te hace pensar eso?

CAPÍTULO 4

Congruencia

El líder congruente piensa lo que va a decir,
dice lo que va a hacer y lo hace.

Después de identificar el cumplimiento de las metas como la primera obligación de un líder, cuya segunda responsabilidad es lograr la convergencia de su colectivo, la siguiente dimensión para reconocer el mérito de un individuo en el ejercicio del liderazgo es su congruencia, determinada por su capacidad de respetar y acrecentar su contenido personal.

La congruencia de quien encabeza un grupo es de capital importancia, puesto que la manera más sencilla y rápida de dilapidar un liderazgo consiste en exhibir falta de consistencia entre lo que se piensa, lo que se dice y lo que se hace...

18ª enseñanza de Jesús líder
Entonces Jesús, dirigiéndose al gentío y a sus discípulos, dijo: "¡Cualquiera que ve a estos escribas y fariseos creando leyes se creerá que son Moisés en persona! Claro, obedézcanlos. ¡Hagan lo que dicen, pero no se les ocurra hacer lo que ellos hacen! Porque ellos mismos no hacen lo que dicen que se debe hacer. Recargan a la gente de mandamientos que ni ellos mismos intentan cumplir".[18]

Con el tema de la congruencia, al igual que se explicó de manera previa con la influencia, no solo se trata de tenerla, sino de que sea positiva y edificante...

19ª enseñanza de Jesús líder

"Entren por la puerta estrecha, porque ancha es la puerta y espacioso el camino que conducen a la perdición; por eso muchísimas personas los prefieren. En cambio, estrecha es la puerta y angosto el camino que conducen a la vida, y muy pocas personas los hallan".[19]

Esta elección personalísima de "puerta y camino" determinará el tipo de pensamientos, palabras y acciones que un individuo será capaz de generar...

20ª enseñanza de Jesús líder

"Ningún árbol bueno da fruto malo, ni ningún árbol malo da fruto bueno. Cada árbol se conoce por el fruto que produce. De los espinos no se pueden recoger higos ni de las zarzas se cosechan uvas. El hombre que es bueno hace el bien, porque en su corazón tiene un tesoro de bondad. Pero el que es malo hace el mal, porque eso es lo que llena su corazón. De lo que abunda en su corazón es de lo que habla su boca".[20]

En resumidas cuentas, el soporte de una congruencia edificante se llama *integridad*, una de las características más apreciadas en cualquier líder...

21ª enseñanza de Jesús líder

"De qué le sirve a alguien ganar el mundo entero si se destruye a sí mismo".[21]

De ahí que la demanda para seguir a un líder será tan exigente como su nivel de integridad...

22ª enseñanza de Jesús líder

"Ustedes deben ser perfectos, como su Padre que está en los cielos es perfecto".[22]

En la práctica, esta perfección solicitada se refiere a una aspiración de vivir plenamente las virtudes humanas de prudencia, templanza, justicia y fortaleza, y al mismo tiempo mantener los pies en la tierra mediante la humildad...

23ª enseñanza de Jesús líder

Al ver que los invitados escogían los lugares de honor en la mesa, les contó esta parábola: "Cuando alguien te invite a una fiesta de bodas, no te sientes en el lugar de honor, porque si llega algún invitado más importante que tú, el que invitó a los dos te dirá: 'Dale tu asiento a este otro invitado'. Entonces, avergonzado, tendrás que sentarte en el último lugar. Lo mejor será que, cuanto te inviten, te sientes en el último lugar. Así, cuando venga el que te invitó, te dirá: 'Amigo, ven acá, aquí hay un mejor lugar'. Así recibirás honor delante de todos los demás invitados. Todo el que se engrandece a sí mismo será humillado; y al que se humilla Dios lo ensalzará".[23]

Finalmente, la congruencia personal debe practicarse con base en una clara visión de vida que sea factible compartirse con los seguidores...

24ª enseñanza de Jesús líder

"El reino de los cielos es también como un tesoro escondido en un terreno. Un hombre viene y lo encuentra. Emocionado y lleno de ilusiones, vende todo lo que tiene y compra el terreno, con lo cual está adquiriendo también el tesoro".[24]

CONCLUSIÓN

La congruencia personal más adecuada para el correcto ejercicio del liderazgo parte del compromiso con la libre elección respecto al tema de integridad, seguido de la práctica de las virtudes humanas, todo ello fundamentado por la definición de una clara visión de vida.

REFLEXIONES PERSONALES

- ¿Te consideras una persona congruente entre lo que piensas, lo que dices y lo que haces? ¿Por qué?
- ¿Podrías identificar algún episodio de incongruencia del líder que te inspira y sus consecuencias?
- ¿Qué tan frecuentes han sido las muestras de prudencia, templanza, justicia, fortaleza y humildad del líder que te inspira?
- ¿Cómo redactarías en unas cuantas palabras la visión de vida del líder que te inspira?
- ¿Cómo piensas que pudieras afianzar tu integridad personal?
- ¿Qué plan tienes para que en tu comportamiento se aprecie que vives a plenitud las virtudes humanas?
- ¿Cómo redactarías tu visión de vida de modo que fuera fácilmente comprensible para tus seguidores?

CAPÍTULO 5

Sostenibilidad

*El liderazgo sostenible es indispensable
para que un colectivo mantenga un desempeño superior
a lo largo del tiempo.*

Una vez que se tienen favorablemente resueltas las tres principales responsabilidades en el ejercicio del liderazgo: el cumplimiento de las metas, la convergencia de los integrantes y la congruencia personal, con toda seguridad se presentará un desempeño satisfactorio del colectivo.

Y si bien lo anterior ya es un gran avance, el siguiente reto del liderazgo consiste en garantizar la sostenibilidad, es decir, que la actuación favorable del grupo se mantenga en el largo plazo, para lo cual existen varios requisitos:

1. Lograr el compromiso de los integrantes con un propósito de gran relevancia...

25ª enseñanza de Jesús líder

"No acumulen tesoros en la tierra, donde la polilla y la herrumbre echan a perder las cosas y donde los ladrones las roban. ¡Háganse tesoros en el cielo, donde no hay polilla ni herrumbre que puedan corromper, ni ladrones que les roben!, pues donde está tu tesoro, allí también estará tu corazón".[25]

2. Diseñar sistemas y procedimientos sólidos que garanticen un funcionamiento duradero...

26ª enseñanza de Jesús líder

"Les voy a decir a quién se parece todo el que viene a mí, oye lo que enseño y me obedece: se parece a un hombre que construyó su casa sobre la roca, cavó muy hondo y puso allí los cimientos. Cuando vino una inundación, la corriente de agua azotó la casa, pero ni siquiera la movió porque estaba bien construida. Pero el que oye lo que enseño y no me obedece se parece al hombre que construyó su casa sobre tierra y sin cimientos. Cuando la corriente de agua la azotó, la casa se derrumbó y quedó hecha pedazos".[26]

3. Establecer mecanismos de revisión que alerten sobre posibles eventualidades...

27ª enseñanza de Jesús líder

"Es como cuando un hombre se va de viaje y, al marcharse, deja su casa al cuidado de sus criados. A cada uno le deja una tarea y le ordena al portero que vigile. Así que ustedes manténgase despiertos, porque no saben cuándo va a regresar el señor de la casa. No saben si volverá al atardecer, a la media noche, al canto del gallo o al amanecer. Por eso deben mantenerse alertas, no sea que venga de repente y los encuentre durmiendo. Lo que les digo a ustedes, se los digo a todos: ¡Manténganse vigilantes!"[27]

4. Instrumentar prácticas de evaluación de desempeño que promuevan la lealtad institucional...

28ª enseñanza de Jesús líder

Les dijo: "Un hombre de la nobleza fue a que lo coronaran rey en un país lejano y después de eso regresaría. Antes de partir, llamó a diez de sus empleados y le entregó a cada uno una buena cantidad de dinero. Les dijo: 'Hagan negocio con este dinero hasta que yo vuelva'. Pero la gente de su país lo odiaba y mandaron un grupo de personas tras él para que dijeran: 'No queremos que este sea nuestro rey'. A pesar de todo, fue coronado rey. Cuando regresó a su país, ordenó llamar a los diez empleados a quienes les había entregado dinero, para ver cuánto habían ganado. El primero se presentó y le dijo: 'Señor, su dinero ha ganado diez veces más de lo que usted me dejó'. El rey le respondió: '¡Muy bien, eres un buen empleado! Como has sido fiel en lo poco que te entregué, te nombro gobernador de diez ciudades'. El segundo se presentó y le dijo: 'Señor, su dinero ha ganado cinco veces más de lo que usted me dejó'. El rey le respondió: 'A ti te nombro gobernador de cinco ciudades'. Llegó el otro empleado y dijo: 'Señor, aquí está su dinero. Lo envolví en un pañuelo y lo guardé. Tenía miedo porque usted es un hombre muy exigente que recoge lo que no depositó y cosecha lo que no sembró'. Entonces el rey le contestó: 'Eres un empleado malo. Con tus mismas palabras te voy a juzgar. Si sabías que soy muy exigente, que recojo lo que no deposité y cosecho lo que no sembré, ¿por qué no depositaste mi dinero en el banco, para que cuando yo regresara ganara los intereses?' Entonces, les dijo a los que estaban allí: 'Quítenle el dinero y dénselo al que ganó diez veces más'. Pero, ellos le dijeron: 'Señor, pero si él ya tiene diez veces más'. El rey les respondió: 'Les aseguro que al que tiene, se le dará más, pero al que no tiene, hasta lo poco que tenga se le quitará'".[28]

5. Definir un proceso de sucesión inequívoco que asegure la continuidad del proyecto...

29ª enseñanza de Jesús líder

"Tú eres Pedro, y sobre esta roca edificaré mi iglesia, y los poderes del infierno no prevalecerán contra ella. Te daré las llaves del reino de los cielos: la puerta que cierres en la tierra se cerrará en el cielo; y la puerta que abras en la tierra se abrirá en el cielo".[29]

CONCLUSIÓN

Para lograr la sostenibilidad se requiere la combinación de personas comprometidas con una operación estructurada, que pueda prevalecer en el tiempo con independencia de quien la encabece.

REFLEXIONES PERSONALES

- ¿Consideras que tu actuación presente puede garantizar resultados futuros sostenibles? ¿Por qué?
- ¿Qué tan sostenible ha resultado la labor del líder que te inspira? ¿Cómo puede demostrarse?
- ¿Cuáles han sido las decisiones más importantes del líder que te inspira para haber establecido una operación estructurada?
- ¿De qué manera ha resuelto el líder que te inspira el proceso de su sucesión?
- Si en este momento fueras separado de tu colectivo, ¿consideras que podría seguir funcionando sin ti?
- Continuando con la lógica anterior, ¿está completamente claro quién debería ser tu sucesor?
- ¿Qué medidas inmediatas puedes tomar para favorecer la sostenibilidad del trabajo del que eres responsable?

CAPÍTULO 6

Formación

*La diferencia entre un líder efectivo y un líder fecundo
radica en su generosidad para formar
nuevos líderes.*

Si bien la sostenibilidad garantiza el acertado funcionamiento de una agrupación en el mediano plazo, para que cualquier organización se expanda o para que se creen nuevas instituciones, resulta esencial un líder que reconozca que su capacidad de acción personal es limitada y que comprenda que la única manera de multiplicar el efecto de su influencia es a través de la formación de nuevos líderes...

30ª enseñanza de Jesús líder

Jesús recorría las ciudades y los pueblos de la región enseñando en las sinagogas, predicando las buenas nuevas del reino y sanando a la gente de sus enfermedades y dolencias. Al ver a las multitudes, sintió compasión de ellas, porque eran como ovejas desamparadas y dispersas que no tienen pastor. "¡Es tan grande la mies y hay tan pocos obreros!" —les dijo a los discípulos—. "Pidan que el Señor de la mies consiga más obreros para sus campos".[30]

El proceso de formación de nuevos líderes comienza con la selección de aquellos seguidores más prometedores, en este caso fueron doce...

31ª enseñanza de Jesús líder

En aquellos días se fue Jesús a la montaña y pasó toda la noche orando a Dios. Al amanecer, llamó a sus discípulos y entre ellos escogió a doce, a los que llamó apóstoles... Jesús bajó de la montaña con ellos y se detuvo en un lugar llano. Allí lo esperaban muchos de sus discípulos y mucha gente de toda Judea, de Jerusalén y de la costa de Tiro y Sidón... Él entonces miró a sus discípulos y les dijo: "Dichosos ustedes los pobres, porque el reino de Dios les pertenece".[31]

La pobreza anterior se refiere al espíritu de quien se sabe inacabado y que, por tanto, está dispuesto a superarse por medio de nuevos aprendizajes...

32ª enseñanza de Jesús líder

Llegaron a Capernaúm. Una vez en la casa, Jesús les preguntó: "¿Qué venían discutiendo en el camino?" Se quedaron callados porque habían estado discutiendo cuál de ellos era el más importante. Jesús se sentó, llamó a los doce y les dijo: "El que de ustedes quiera ser el primero conviértase en el último de todos y en el siervo de los demás".[32]

Pero, además del aprendizaje de conceptos, es necesario que el formador de nuevos líderes provea oportunidades de aprendizaje experimental...

33ª enseñanza de Jesús líder

Jesús reunió a sus doce discípulos y les dio poder y autoridad para echar fuera a todos los demonios y para sanar enfermedades. Los envió a anunciar el reino de Dios y a sanar a los enfermos. Les dijo: "No lleven nada para el camino: ni bastón, ni bolsa, ni comida, ni dinero, ni más ropa que la que traen puesta. En la casa a la que lleguen, quédense hasta que salgan de ese pueblo. Si en algún pueblo no quieren recibirlos, al salir de allí sacúdanse el polvo de los pies como un testimonio contra ellos". Entonces se fueron de pueblo en pueblo anunciando las buenas noticias y sanando a los enfermos.[33]

Un momento sobresaliente de la formación ocurre cuando los seguidores no se conforman con lo que reciben y solicitan más instrucción...

34ª enseñanza de Jesús líder

Un día que Jesús estaba orando en cierto lugar, al terminar uno de sus discípulos le dijo: "Señor, enséñanos a orar, así como Juan enseñó a sus discípulos". Él les dijo: "Cuando oren digan: Padre, santificado sea tu nombre. Venga tu reino. Danos hoy nuestro pan de cada día. Y perdónanos nuestros pecados, porque también nosotros perdonamos a todos los que nos hacen mal. Y no nos metas en tentación".[34]

Además de la enseñanza teórica y práctica, el ejemplo personal es el modo más convincente de instruir a los seguidores...

35ª enseñanza de Jesús líder

Después de lavarles los pies, se puso el manto y otra vez se sentó. Entonces les preguntó: "¿Entienden ustedes lo que les he hecho? Ustedes me llaman Maestro y Señor, y dicen la verdad porque lo soy. Pues si yo, el Señor y Maestro, les ha lavado los pies, también ustedes deben lavarse los pies unos a otros. Yo les he dado el ejemplo, para que hagan lo mismo que yo he hecho con ustedes".[35]

Por último, jamás hay que olvidar que el propósito de la educación es contagiar la inextinguible luz de la curiosidad por comprender lo que hay detrás de las apariencias...

36ª enseñanza de Jesús líder

Entonces Jesús les dijo a los judíos que creyeron en él: "Si ustedes se mantienen obedientes a mis enseñanzas, serán de verdad mis discípulos. Entonces conocerán la verdad, y la verdad los hará libres".[36]

CONCLUSIÓN

La formación de nuevos líderes no solo multiplica la influencia del liderazgo inicial, sino que garantiza la correcta expansión del proyecto original, para lo que es necesario seleccionar a los seguidores más adecuados, instruirlos de forma teórica y práctica despertando su interés por aprender más, predicarles con el ejemplo y buscar siempre acercarlos a la verdad.

REFLEXIONES PERSONALES

- ¿Es tu formación personal una de tus prioridades? ¿Qué has hecho al respecto el último año?
- ¿A qué personas ha seleccionado el líder que te inspira para formar como nuevos líderes?
- ¿Se ha involucrado de lleno el líder que te inspira en el proceso de formación a través de su ejemplo?
- ¿Cuál ha sido el resultado de ese proceso? ¿Expansión de la organización y/o creación de nuevas instituciones?
- ¿Sabes quiénes son los integrantes de tu colectivo más prometedores para ser formados como nuevos líderes?
- ¿Cuentas con un programa de formación estructurado para ellos? ¿En qué consiste?
- ¿Qué resultados esperas obtener del programa de formación de nuevos líderes? ¿En cuánto tiempo?

CAPÍTULO 7

Trascendencia

*Lo primero que necesita un líder para trascender
es un sentido de vida trascendente.*

En la medida en que se ha desplegado una influencia deliberada para lograr el cumplimiento de un propósito, favoreciendo la
convergencia de los seguidores, manteniendo una congruencia
personal, garantizando la sostenibilidad del desempeño y llevan-
do a cabo la formación de nuevos líderes, se podrá lograr la trascendencia en el ejercicio del liderazgo.

El verbo *trascender* proviene del latín *transcendere*, palabra
que está formada por el prefijo *trans*, que significa "de un lado a
otro", y por el verbo *scendere*, que quiere decir "subir". Entonces,
en el sentido de la convivencia humana entenderemos que trascender equivale a "ir más allá de la propia existencia", acción que
producirá ciertas consecuencias.

Trascender es traspasar los límites del espacio y del tiempo
individual.

Cuando un líder traspasa la frontera de su espacio e impacta
a otras personas, ha trascendido, pero lo hace de forma permanente cuando traspasa la frontera de su tiempo y deja huella para
generaciones futuras...

37ª enseñanza de Jesús líder

"El cielo y la tierra desaparecerán, pero mis palabras permanecerán, para siempre".[37]

Es preciso señalar que absolutamente todo lo creado por nuestra civilización ha sido producto del liderazgo, personal y de colectivos, de modo que debemos considerarnos herederos de la trascendencia humana...

38ª enseñanza de Jesús líder

Él les dijo: "Yo tengo una comida que ustedes no conocen". Los discípulos se preguntaban: "¿Le habrán traído algo de comer?" Jesús les explicó: "Mi comida es hacer la voluntad del que me envió y terminar el trabajo que me dio. Ustedes dicen: 'Todavía faltan cuatro meses para la cosecha', pero yo les digo: '¡Fíjense bien en los campos sembrados! La cosecha ya está madura'. El que trabaja recogiendo la cosecha ya recibe su salario y recoge la cosecha para la vida eterna. Tanto el que siembra como el que cosecha se alegran juntos. Porque es cierto lo que dice el refrán: 'Uno es el que siembra y otro el que cosecha'. Yo los he enviado a ustedes a cosechar lo que no les costó ningún trabajo. Otros fueron los que se fatigaron trabajando, y ustedes han cosechado el fruto del trabajo de ellos".[38]

No obstante, además de ser herederos, debemos convertirnos en creadores de trascendencia humana, comprendiendo que la grandeza del propósito determinará la magnitud de la trascendencia...

39ª enseñanza de Jesús líder

Jesús le contestó: "Mi reino no es de este mundo. Si lo fuera, mis servidores pelearían para que no me entregaran a los judíos. Pero mi reino no es de este mundo".[39]

Solo cuando un líder se apropia y encarna personalmente la grandeza de un propósito estará en posibilidad de trascender...

40ª enseñanza de Jesús líder

Jesús les respondió: "Les aseguro que no fue Moisés el que les dio a ustedes el pan del cielo. Mi Padre es el que da el verdadero pan del cielo. El pan que da Dios es el que baja del cielo y da vida al mundo". Le dijeron: "Señor, danos siempre ese pan". Jesús les dijo: "Yo soy el pan que da vida. El que viene a mí no volverá a tener hambre, y el que cree en mí no volverá a tener sed".[40]

Si bien la trascendencia en vida es significativa, la verdadera prueba para determinar la de un líder ocurre después de su partida…

41ª enseñanza de Jesús líder

Jesús les respondió: "Ha llegado la hora de que el Hijo del hombre sea glorificado. Es verdad que si un grano de trigo cae en tierra y no muere, se queda solo. Pero si muere, produce mucho fruto".[41]

Lo anterior implica que el líder trascendente está consciente de que debe estar dispuesto a dar la vida por su causa de trascendencia…

42ª enseñanza de Jesús líder

"Así como el Padre me ama a mí, así también yo los amo a ustedes. No se aparten de mi amor. Si obedecen mis mandamientos, no se apartarán de mi amor, así como yo obedezco los mandamientos de mi Padre y su amor no se aparta de mí. Les digo esto para que también tengan mi alegría y así su alegría sea completa. Y mi mandamiento es este: que se amen unos a otros como yo los amo. Nadie tiene más amor que el que da la vida por sus amigos. Ustedes son mis amigos si hacen lo que yo les mando".[42]

Ahora bien, el líder consciente de su finitud es más probable que trascienda, pues esa característica lo hará más cercano a sus seguidores…

43ª enseñanza de Jesús líder

Jesús se dio cuenta de que querían hacerle preguntas. Por eso les dijo: "¿Se están preguntando qué significa: 'Dentro de poco ya no me verán', y 'un poco después volverán a verme'? La verdad es que ustedes llorarán y se llenarán de tristeza, mientras que el mundo se alegrará. Ustedes se pondrán tristes, pero luego su tristeza se convertirá en alegría. La mujer que va a dar a luz siente dolores porque le ha llegado su hora, pero después que nace la criatura se olvida del dolor por la alegría de haber traído un niño al mundo. Eso mismo les pasa a ustedes, ahora están tristes, pero cuando vuelva a verlos se alegrarán y nadie podrá quitarles esa alegría".[43]

Esa cercanía del líder con quienes ha formado lo llevará a tomar acciones para prever que seguirán con bien pese a su ausencia definitiva...

44ª enseñanza de Jesús líder

"Voy a estar por muy poco tiempo en el mundo, pero ellos están todavía en el mundo, y yo vuelvo a ti. Padre santo, cuídalos con el poder de tu nombre, el nombre que me diste, para que estén unidos, así como tú y yo".[44]

Pero, además, el líder también tendrá presentes a quienes serán los seguidores de aquellos que continuarán con su labor...

45ª enseñanza de Jesús líder

"No ruego solo por estos, sino también por los que van a creer en mí por medio del mensaje de ellos. Te ruego que todos estén unidos. Padre, así como tú estás en nosotros, para que el mundo crea que tú me has enviado".[45]

Por último, el líder trascendente comunica con toda claridad la encomienda que lo hará "ir más allá de su propia existencia"...

46ª enseñanza de Jesús líder

Pero él se les acercó y les dijo: "He recibido toda autoridad en el cielo y en la tierra. Por lo tanto, vayan y hagan discípulos en todas las naciones. Bautícenlos en el nombre del Padre, del Hijo y del Espíritu Santo, y enséñenles a obedecer los mandamientos que les he dado. De una cosa podrán estar seguros: estaré con ustedes siempre, hasta el fin del mundo".[46]

CONCLUSIÓN

Un buen líder debe hacer todo lo necesario para que su influencia inicial se convierta en trascendencia permanente.

REFLEXIONES PERSONALES

- ¿Te entusiasma la idea de ser un líder trascendente? ¿Por qué?
- ¿Consideras que con tu actuación presente puedes garantizar tu trascendencia permanente?
- ¿Qué tan trascendente ha resultado la labor del líder que te inspira? ¿Cómo puede demostrarse esa trascendencia?
- ¿Cuánto tiempo le llevó al líder que te inspira convertir su influencia inicial en trascendencia permanente?
- Tomando en cuenta el tipo de líder que quieres llegar a ser, ¿quién debería ser el líder que más te inspire?
- Considerando la clase de líder que anhelas llegar a ser, ¿cómo deberías utilizar tu influencia deliberada?
- Consciente del tipo de líder que deseas llegar a ser, ¿qué deberías hacer para lograr la trascendencia permanente?

Notas

1. Marcos 4.2-8.
2. Lucas 13, 6-9.
3. Mateo 4.18-22.
4. Mateo 5.14-16.
5. Marcos 16.15.
6. Juan 15.16.
7. Mateo 22.36-39.
8. Juan 13.34-35.
9. Mateo 12.30.
10. Lucas 9.57-62.
11. Mateo 12.25.
12. Juan 15.4.
13. Juan 14, 1.
14. Mateo 6.25-29.
15. Marcos 4.10-11.
16. Lucas 18.28-30.
17. Lucas 15.3-6.
18. Mateo 23, 1-4.
19. Mateo 7, 13-14.
20. Lucas 6, 43-45.
21. Lucas 9, 25.
22. Mateo 5, 48.
23. Lucas 14, 7-11.
24. Mateo 13, 44.
25. Mateo 6, 19-21.
26. Lucas 6, 47-49.
27. Marcos 13, 34-37.
28. Lucas 19, 12-26.
29. Mateo 16, 18-19.
30. Mateo 9, 35-38.
31. Lucas 6, 12-20.
32. Marcos 9, 33-35.
33. Lucas 9, 1-6.
34. Lucas 11, 1-3.
35. Juan 13, 12-15.
36. Juan 8, 31-32.
37. Mateo 24, 35.
38. Juan 4, 32-38.
39. Juan 18, 36.
40. Juan 6, 32-35.
41. Juan 12, 23-24.
42. Juan 15, 9-14.
43. Juan 16, 19-22.
44. Juan 17, 11.
45. Juan 17, 20-21.
46. Mateo 28, 18-20.

Sobre el autor

El doctor José Manuel Vega Báez nació en la Ciudad de México en 1962. Es casado, padre de tres hijos, y le gusta el deporte.

Tiene 44 años de trayectoria empresarial y ha sido directivo en la iniciativa privada, el sector público, agrupaciones deportivas e instituciones educativas, interviniendo como consejero y consultor en organizaciones mexicanas y trasnacionales.

Como fruto de su experiencia integrando y dirigiendo equipos de alto desempeño ha publicado 24 libros sobre liderazgo, varios de ellos *bestsellers* en Amazon, convirtiéndose en el escritor de habla hispana más prominente de este tema, del cual es conferencista y facilitador internacional.

Desde hace 36 años es catedrático a nivel licenciatura, maestría y doctorado en el área de Gestión de Sistemas Organizacionales en diversas instituciones latinoamericanas de gran prestigio.

En 1992 recibió el grado de doctor en Administración. Cuenta con estudios de maestría en Ingeniería, en Sistemas, en Dirección de Empresas; licenciatura en Sistemas y diplomados en Negocios Deportivos, Asesoría Educativa, Humanismo Integral, Desarrollo Sustentable y Alta Dirección.

Actualmente es profesor de la Escuela de Negocios del Tecnológico de Monterrey, conferencista de Speakers México, miembro Platinum de la Red Mundial de Conferencistas y socio fundador de SERIE CIMA, firma especializada en liderazgo, desarrollando mejores líderes para edificar un mejor mundo.

Su obra completa incluye los siguientes títulos:

1. *Modelo de estudio curricular post-maestría en el área de sistemas* (1991)
2. *Introducción al estudio del pensamiento transdisciplinario* (1992)
3. *Creatividad e innovación en la administración* (1993)
4. *Un rostro incompleto* (1994)
5. *Diseño del sistema de información de una empresa* (1995)
6. *Secretos de empresa* (1995)
7. *Modelación estructural de sistemas* (1996)
8. *Primera guía de acciones emprendedoras* (1998)
9. *Rumbo a la cima* [novela para el nuevo líder] (2002)
10. *¿Ya encontraste tu queso?* [un cuento para nuevos líderes] (2005)
11. *Un líder para México* (2006)
12. *Propuesta para la valoración del nivel de liderazgo en funcionarios públicos de alto perfil* (2007)
13. *La biblia de la motivación* [obra en coautoría] (2008)
14. *Liderazgo en tiempos de crisis* (2009)
15. *Lecciones de liderazgo de los directores técnicos del Mundial* (2010)
16. *Adriana* [un relato de liderazgo juvenil] (2011)
17. *250 cápsulas de liderazgo* (2012)
18. *Liderazgo en la cumbre* [obra en coautoría] (2012)
19. *Liderazgo: diez años de aportaciones* (2012)
20. *Rumbo a la cima 10: sé un líder de alto desempeño* (2013)
21. *Mi líder favorito* (2014)
22. *Mucho éxito en tu negocio propio: los cimientos del liderazgo emprendedor* (2015)
23. *500 cápsulas de liderazgo* (2016)

24. *Ahí viene un tiburón: cómo ser un buen líder ante la adversidad* (2017)
25. *Liderazgo mundialista 2018: lecciones de aciertos y errores de los mejores entrenadores* (2018)
26. *Liderazgo sobresaliente: cómo lograr resultados superiores y sostenibles* (2018)
27. *15 poderosas lecciones de liderazgo* (2019)
28. *777 frases de liderazgo* (2019)
29. *Jesús líder* (2020)
30. *21 reglas de liderazgo para superar las crisis* (2020)
31. *Panis Dux* [*panis* (pan), *dux* (líder)] (2021)
32. *La cima del liderazgo* (2021)